beck'sche reihe

Die großen Geschichten der Menschheit

D1928266

Eine Tarnkappe, das scharfe, edle Schwert Balmung und ein Bad im Drachenblut lassen Siegfried von Xanten als unbezwingbaren Helden erscheinen. Welche Motive und Verwicklungen dennoch zu seinem schicksalhaften Tod führen, erzählt das Nibelungenlied. Es ist eine Geschichte von Täuschung, Eifersucht, Machtstreben und Verrat, angesiedelt in einer Welt, die beides zugleich ist: höfisch-zivilisiert und grausam-barbarisch.

Otfrid Ehrismann, der das Nibelungenlied für diesen Band neu übersetzt hat, lehrt deutsche Sprache und ältere deutsche Literatur an der Universität Gießen. Bei C.H. Beck ist von ihm u.a. erschienen: *Das Nibelungenlied* (C.H. Beck Wissen, 2005).

SIEGFRIEDS
NIBELUNGENLIED
TOD

Aus dem mittelhochdeutschen Nibelungenlied übersetzt
und mit einem Nachwort von
Otfrid Ehrismann

Verlag C.H. Beck

© Verlag C.H.Beck oHG, München 2007
Umschlaggestaltung: Augenmaß & Wunderamt
Umschlagmotiv: Lombard Marble Relief,
7.Jh., Museo Civico Pavia, © The ArtArchive/Dagli Orti
Gesetzt aus der Bembo und der Trade Gothic im Verlag
Druck und Bindung: Ebner & Spiegel, Ulm
Printed in Germany
ISBN 978 3 406 54812 3

www.beck.de

INHALT

In alten Geschichten werden uns
außergewöhnliche Taten von ruhmreichen Helden erzählt.
Ihr könnt jetzt wunderbare Geschichten hören,
die von großem Leid, von Freuden und Festen,
von Weinen und Klagen und vom Kampf
kühner Helden berichten.

1. AVENTÜRE
PRINZESSIN KRIEMHILD

Eine junge Frau von hohem Adel wuchs in Burgund auf, eine schönere lebte nirgendwo. Sie hieß Kriemhild und reifte zu einer herrlichen Frau heran. Später verloren deshalb viele Krieger ihr Leben. Drei edle und mächtige Könige beschützten sie: die ruhmreichen Helden Gunther und Gernot sowie der junge Giselher, ein ausgezeichneter Ritter. Die Dame war ihre Schwester, die Fürsten schützten sie. Die Herren, diese hervorragenden Helden, waren freigebig, von hohem Adel und über die Maßen gewaltbereit. Ihr Reich hieß Burgund. Später würden sie in Etzels Reich übermenschliche Heldentaten vollbringen.

Sie lebten mit ihrer großen Macht in Worms am Rhein. Aus ihren Ländern diente ihnen, ehrenvoll bis zum Tod, eine stolze Ritterschaft. Später würden sie jämmerlich durch den Hass zweier edlen Damen fallen. Frau Ute, eine reiche und mächtige Königin, war ihre Mutter. Ihr Vater, der ihnen nach seinem Tod das Erbe hinterlassen hatte, hieß Dankrat, ein sehr mutiger Mann, der schon in seiner Jugend große Ehre erwarb.

Wie schon erwähnt, zeichnete die drei Könige großer Mut aus. Ihnen waren die besten Helden untergeben, von denen man je gehört hat, stark und kühn, unverzagt in harten Kämpfen. Dies waren Hagen von Tronege und sein Bruder, der tapfere Dankwart, Ortwin von Metz, die beiden Markgrafen Gere und Eckewart sowie, von großer Kühnheit, Volker von Alzey. Rumold, der Küchenmeister, ein herausragender Held, Sindold und Hunold, diese Herren, Vasallen der drei Könige, waren für die Ehre des Hofes, sein Ansehen, zuständig. Es gab noch viele andere Ritter, von denen ich nur wenige nennen kann. So war Dankwart des Königs Marschall, sein Neffe, Ortwin von Metz, dessen Truchsess. Sindold, ein hervorragender Held, war Schenk, Hunold Kämmerer. Sie alle sorgten für die Herrlichkeit des Hofes, von dessen Macht und weitreichender Herrschaft euch, das könnt ihr glauben, niemand alles erzählen könnte, auch nicht von dem hohen Ansehen seiner Könige und dem ritterlichen Leben, das die Herren alle Zeit freudig führten.

In dieser großartigen und ehrenvollen Umgebung träumte Kriemhild, sie würde einen starken, schönen und ungezähmten Falken aufziehen, den ihr zwei Adler zerfleischten. Dass sie dies ansehen musste! Kein größeres Leid hätte ihr auf dieser Welt zustoßen können. Sie erzählte diesen Traum ihrer Mutter Ute, die ihn ihr leider nur so deuten konnte: «Der Falke, den du aufziehst, ist ein edler Mann. Gott möge ihn beschützen, sonst wirst du ihn schnell verlieren.» «Was erzählt Ihr mir von einem Mann, liebste Mutter? Niemals möchte ich einen Mann lieben! Schön will ich bleiben bis zu meinem Tod und nie durch die Liebe Leid erfahren.» «Widersprich nur nicht zu heftig», erwiderte die Mutter, «solltest du jemals im Leben von Herzen froh werden, dann durch die Liebe zu einem Mann. Du wirst eine schöne Frau, wenn Gott dir einen recht guten Ritter schenkt.» «Herrin, hört auf», entgegnete Kriemhild, «bei vielen Frauen hat sich gezeigt, wie die Liebe schließlich in Leid endet. Ich werde beides meiden, dann kann mir nichts Schlimmes zustoßen.»

Kriemhild entschloss sich, völlig auf die Liebe zu verzichten. Die edle junge Frau verbrachte viele schöne Tage, ohne jemanden kennen zu lernen, den sie lieben wollte. Später allerdings wurde sie ehrenvoll die Frau eines kühnen Helden. Dieses war der Falke, den sie in ihrem Traum erblickt und den ihr die Mutter gedeutet hatte. Wie schrecklich rächte sie ihn später an ihren nächsten Verwandten, die ihn erschlagen hatten! Allein durch seinen Tod starben zahlreiche Söhne.

2. AVENTÜRE
PRINZ SIEGFRIED

Um dieselbe Zeit wuchs in den Niederlanden, am Niederrhein, in der mächtigen, weithin bekannten Stadt Xanten, der Sohn eines edlen Königs auf. Sein Vater hieß Siegmund, seine Mutter Sieglind. Siegfried hieß der mutige edle junge Mann. Kampflustig suchte er viele Reiche auf; und um seine Kühnheit zu beweisen, ritt er in viele Länder. Oh, welche mutigen Kämpfer er später in Burgund traf! Von Siegfried erzählte man, als er jung war, viele fantastische Geschichten, wie seine Ehre zunahm und wie schön er war. Bald nahmen ihn wunderschöne Frauen in ihren Minnedienst auf. Man bildete ihn sorgfältig aus, wie es ihm angemessen war. Und welche glänzenden Eigenschaften nahm er erst von selbst an! Bald schmückte er das Reich seines Vaters durch seine Vollkommenheit.

Nun war er erwachsen und wurde in die höfische Gesellschaft aufgenommen. Die Leute sahen ihn gern. Manche Dame und manche junge Frau wünschte sich, dass er zu ihr käme. Viele waren ihm gewogen, dies merkte der Herr sehr wohl. Ohne Aufsicht durfte der Knabe gar nicht ausreiten. Siegmund und Sieglind ließen ihn mit Gewändern schmücken. Die weisen Alten, die wussten, was Ehre bedeutet, kümmerten sich um seine Ausbildung. So konnte er Land und Leute gut für sich einnehmen. Bald war er stark genug, Waffen zu tragen, besaß er doch von dem, was er dazu brauchte, genug. Sinnreich warb er um schöne Frauen, diese liebten Siegfried in Ehren.

Sein Vater Siegmund ließ seinen Lehnsleuten verkünden, dass er mit lieben Vertrauten ein Fest feiern wolle. Die Botschaft schickte man auch in andere Königreiche. Allen schenkte er Pferde und gute Gewänder. Überall wo man adlige junge Männer fand, die nach der Herkunft ihrer Verwandten Ritter werden konnten, lud man sie ins Land zu dem Fest. Gemeinsam mit dem jungen König sollten sie durch die Schwertleite zu Rittern erhoben werden. Von diesem Fest könnte man großartige Dinge erzählen. Siegmund und Sieglind erreichten durch ihre Gaben, die sie reichlich verteilten und für die viele adelige Herren zu ihnen ritten, hohes Ansehen.

Vierhundert Knappen, zu Rittern bestimmt, sollten zusammen mit Siegfried eingekleidet werden. Viele schöne junge Frauen arbeiteten fleißig daran, denn sie mochten ihn. Die Damen fassten zahlreiche Edelsteine in Gold, um sie mit Bändern auf der Kleidung der jungen, stolzen Krieger zu befestigen. Das musste einfach so sein. Zur Sonnenwende, als sein Sohn Ritter wurde, ließ der König Bänke und Tische für die große Menge kühner Männer aufstellen.

Viele reiche Knappen und edle Ritter strömten in den Dom. Zu Recht dienten die Alten den Jungen, so wie es früher auch bei ihnen gewesen war. Sie hatten Spaß und erwarteten mancherlei fröhliche Unterhaltung. Gott zu Ehren sang man eine Messe. Dann, als die jungen Männer in einer einmaligen Zeremonie nach ritterlichem Recht zu Rittern erhoben wurden, entstand großes Gedränge unter der neugierigen Menge. Danach liefen die jungen Ritter zu den zahlreichen gesattelten Pferden. Die Ritterspiele auf Siegmunds Hof entwickelten sich derart heftig, dass Palas und Halle erdröhnten. Die stolzen Ritter machten großen Lärm. Von Alten und Jungen vernahm man so manchen Lanzenstoß, sodass die Luft vom Brechen der Schäfte vibrierte. Die zahllosen zerbrochenen Lanzen warfen die Ritter eifrig zum Palas hin. Als Siegmund dann bat, die Spiele zu beenden, führte man die Pferde fort. Man fand viele zerbrochene Schildbuckel aus Metall und zahlreiche Edelsteine, die von den glänzenden Schildspangen ins Gras gefallen waren. Das war durch die Lanzenstöße geschehen.

Des Königs Gäste setzten sich an die Plätze, die man ihnen anwies. Exquisite Speisen, die reichlich aufgetragen wurden, und köstlicher Wein stärkten sie wieder. Allen erwies man große Ehre. Die Gäste vergnügten sich den Tag über, das fahrende Volk kam allerdings nicht zur Ruhe. Sein Unterhaltungsprogramm richtete sich nach den reichen Geschenken, die es dort gab. Auf diese Weise wurde das Reich Siegmunds sehr berühmt. Dieser forderte den jungen Siegfried auf, Länder und Burgen, so wie er selbst es früher getan hatte, als Lehen zu verteilen. Siegfried beschenkte die jungen Männer, die mit ihm Ritter geworden waren, reichlich, und denen gefiel es, die Reise in dieses Land unternommen zu haben.

Das Fest dauerte bis zum siebten Tag. Nach altem Brauch teilte die reiche Sieglind aus Liebe zu ihrem Sohn rotes Gold aus. Sie trug sehr dazu bei, dass die Leute ihm gewogen waren. Kein Fahrender blieb arm, Rosse und Gewänder flogen den Gastgebern aus der Hand, als ob sie keinen Tag länger mehr zu leben hätten. Ich glaube, noch nie hatte sich ein Hof so generös gezeigt. Ehrenvoll ging das Fest zu Ende. Von den Großen des Landes hörte man bald, dass sie den jungen Mann zum Herrn haben wollten, doch

Siegfried, der herrliche Mann, wollte dies nicht. Solange Siegmund und Sieglind noch lebten, wollte ihr beider Sohn, den sie liebten, die Krone nicht tragen. Der kühne und mutige Krieger war jedoch dazu bereit, alle Gefahren abzuwehren, die das Reich bedrohten.

3. AVENTÜRE
SIEGFRIEDS WERBUNG

Kein Herzeleid bedrückte Siegfried. Da erfuhr er, dass eine herrliche junge Frau in Burgund lebte, die Erfüllung aller männlichen Sehnsüchte. Sie schenkte ihm später viel Freude, fügte ihm jedoch auch viel Leid zu. Ihre außergewöhnliche Schönheit war weithin berühmt, viele Männer machten allerdings auch mit dem Selbstbewusstsein der jungen Dame Bekanntschaft, denn Kriemhild zog zwar viele Gäste in Gunthers Reich, aber wer auch um ihre Liebe warb, sie hatte nie die Absicht, einen als Liebsten zu nehmen. Denjenigen, dem sie später untertan sein sollte, kannte sie noch nicht.

Nun dachte Sieglinds Sohn an hohe Minne, an die große Liebe. Ihr aller Werben war gegen ihn ein Windhauch, war der kühne Siegfried doch darin geübt, schönen Frauen zu dienen. Später würde die edle Kriemhild auch seine Frau werden.

Als die Verwandten und Vasallen ihm rieten, wenn er eine feste Beziehung anstrebe, dann solle er um eine Frau werben, die ihm angemessen wäre, da erklärte er: «Dann werde ich Kriemhild nehmen, die schöne junge Dame aus Burgund, wegen ihrer außergewöhnlichen Schönheit. Ich weiß wohl, dass es jedem noch so mächtigen heiratswilligen Kaiser gut angestanden hätte, um die mächtige Königin zu werben.» Dies kam Siegmund zu Ohren, denn seine Leute redeten darüber, und dadurch erfuhr er die Absicht seines Sohnes. Dessen Plan, um die herrliche junge Frau zu werben, bekümmerte ihn sehr. Auch Sieglind, des edlen Königs Frau, erfuhr es. Sie sorgte sich sehr um ihr Kind, denn sie kannte Gunther und seine Vasallen nur zu gut. Deshalb versuchte man, Siegfried sein Vorhaben auszureden. Doch dieser sagte: «Liebster Vater, ich werde für immer ohne die Liebe zu einer edlen Dame bleiben, wenn ich mich nicht um eine bemühen darf, für die ich große Liebe empfinde. Nichts kann mich von meinem Vorhaben abbringen.» «Willst du nicht davon ablassen», erwiderte der König, «dann freue ich mich wirklich über deine Absicht und will dir helfen, sie, so gut ich kann, auszuführen. König Gunther besitzt allerdings zahlreiche stolze Vasallen. Schon allein der Mann Hagen! Der kann so überheblich und hochfahrend sein, dass ich sehr fürchte, es könnte uns leidtun, um die herrliche junge Frau zu werben.» «Was kümmert uns das?», gab Siegfried zur Antwort, «was ich von ihnen nicht als Freund erbitten kann, das werde ich mit Gewalt holen. Ich denke schon, dass ich ihnen Land und Leute gewaltsam entreißen kann.» Fürst Siegmund entgegnete: «Was du sagst, bekümmert mich. Denn würde man davon am Rhein erfahren, so dürftest du niemals dorthin reiten. Gunther und Gernot kenne ich seit langem. Gewaltsam kann niemand die junge Frau nehmen, das hat man mir gesagt. Willst du aber in Begleitung von Kriegern dorthin reiten, so sind die Freunde, die wir haben, schnell herbeigerufen.» «Ich habe nicht die Absicht», erwiderte Siegfried, «eine kriegerische Heerfahrt an den Rhein zu unternehmen und die schöne Jungfrau gewaltsam zu erobern. Das möchte ich wirklich nicht. Ich allein werde sie gewinnen. Mit zwölf Gefährten will ich in Gunthers Reich ziehen. Dazu, Vater Siegmund, sollt Ihr mir verhelfen.» Da kleidete man seine Gefährten mit Gewändern ein, die grau und zweifarbig mit Pelz verbrämt waren.

Dies vernahm auch Sieglind, die Mutter. Sie wurde traurig und fürchtete, ihr geliebtes Kind durch Gunthers Vasallen zu verlieren. Die edle Königin weinte. Da trat Herr Siegfried zu ihr und sprach liebevoll: «Herrin, weint nicht um meinetwillen, für mich stellt doch ein Kämpfer keine Gefahr dar! Helft mir für die Reise nach Burgund, damit ich und meine Gefährten Gewänder haben, die tüchtige Helden ehrenvoll tragen können. Dafür werde ich mich wahrhaft und aufrichtig bedanken.» «Da du nicht aufgeben willst», sprach Frau Sieglind, «so statte ich dich, mein einziges Kind, und deine Gefährten für die Reise mit den besten Gewändern aus, die je ein Ritter trug. Ihr werdet genug mitbekommen.» Da verneigte sich der junge Siegfried vor der Königin und sagte: «Wir werden nur zwölf Krieger auf der Fahrt sein, uns soll man die Gewänder zurechtmachen. Ich möchte doch gerne sehen, wie es um Kriemhild steht.»

Tag und Nacht gönnten sich hübsche Frauen keine Ruhe, bis sie Siegfrieds Kleidung genäht hatten, denn er wollte von seiner Reise nicht ablassen. Sein Vater Siegmund ließ das ritterliche Gewand, mit dem Siegfried das Land verlassen wollte, kostbar ausschmücken. Auch seine und seiner Gefährten glänzende Rüstungen, ihre festen Helme und ihre schönen und breiten Schilde wurden zurechtgemacht.

Der Tag ihrer Abreise nach Burgund nahte, Frauen und Männer waren in Sorge, ob die Helden jemals wieder nach Hause zurückkehren würden. Diese ließen Waffen und Gewänder auf die Saumtiere laden. Ihre Rosse waren schön, ihr Reitzeug aus Rotgold, niemand hätte herausfordernder sein können als Siegfried und seine Gefährten. Als dieser darum bat, sich für die Reise nach Burgund verabschieden zu dürfen, erlaubten es der König und seine Frau traurig. Siegfried tröstete beide liebevoll und sagte: «Weint nicht meinetwegen, denn um mich braucht ihr euch keine Sorgen zu machen.» Die Ritter waren traurig, auch manche junge Frau weinte. Ich glaube, ihr Herz hatte ihnen die Wahrheit gesagt, dass nämlich viele ihrer Vertrauten wegen dieser Reise den Tod finden würden. Sie klagten zu Recht; sie waren wahrhaftig dazu gezwungen.

Am Morgen des siebten Tages erreicht Siegfried mit seinen Gefährten, bestaunt von der Bevölkerung, den Hof König Gunthers in Worms:

Der König hatte erfahren, dass tüchtige Ritter angekommen seien, die hell glänzende Rüstungen und prächtige Gewänder trügen. Niemand kannte sie in Burgund, und er hätte gerne gewusst, woher die herrlichen Ritter in ihren strahlenden Gewändern und mit den guten, neuen und breiten Schilden kamen. Es bekümmerte ihn, dass ihm das niemand sagte. Deshalb antwortete ihm Ortwin von Metz, mächtig und mutig war er: «Da wir sie nicht kennen, so lasst Hagen, meinen Oheim, holen und zeigt sie ihm. Er kennt sich in allen Reichen und fremden Ländern aus. Sollte er die Herren kennen, wird er es uns sagen.» Der König bat, ihn und seine Leute zu rufen. Bald darauf erschien Hagen in vornehmer Haltung mit seiner Begleitung am Hof. Was der König von ihm wünsche, fragte er, und dieser antwortete: «In meiner Burg halten sich fremde Krieger auf, die hier niemand kennt. Wenn Ihr sie schon einmal gesehen habt, Hagen, müsst Ihr mir sagen, wer sie sind.» «Das mache ich», antwortete Hagen. Er trat an ein Fenster und ließ seine Blicke zu den Gästen schweifen. Ihr Auftritt und ihre Ausrüstung gefielen ihm gut, aber auch er hatte sie in Burgund noch nie gesehen und meinte: «Ich weiß nicht, woher die Herren an den Rhein kamen, es könnten allerdings Fürsten oder deren Boten sein. Ihre Rosse sind schön, ihre Gewänder sehr gut. Woher sie das auch bringen, sie sind adlig und wohlhabend.»

Weiter sagte Hagen: «Obwohl ich Siegfried noch nie gesehen habe, glaube ich doch, so wie es aussieht, dass er der Held ist, der dort so herrlich einhergeht. Dies nehme ich jedenfalls an. Er bringt Neuigkeiten in dieses Land. Der Held siegte über die kühnen Nibelungen, Schilbung und Nibelung, die Kinder eines reichen Königs. Seither vollbrachte er mit seiner großen Kraft fantastische Taten. Als er einst ganz allein ausritt, ohne alle Hilfe, da traf er vor einem Berg, wie mir erzählt wurde, viele kühne Männer. Die kannte er bis dahin noch nicht. Der Hort Nibelungs war aus einer Berghöhle herausgetragen worden. Hört nun die seltsame Geschichte, wie die Nibelungen ihn aufteilen wollten! Siegfried sah es nämlich und wunderte sich. Er ging so nahe zu den Männern, dass er sie gut beobachten konnte und diese auch ihn sahen. Einer von ihnen sagte: ‹Hier kommt der starke Siegfried, der Held aus den Niederlanden.› Seltsames erlebte dieser bei den Nibelungen!

Schilbung und Nibelung empfingen den herrlichen Helden freundlich. Die edlen jungen Fürsten baten ihn – dies hatten sie gemeinsam beschlossen –, den Schatz zu teilen, und sie bedrängten ihn so lange, bis er es ihnen endlich feierlich versprach. Er erblickte, so erzählte man, derart viele Edelsteine und dazu so viel Rotgold aus dem Nibelungenland, dass hundert große Lastwagen es nicht hätten transportieren können. Dies alles sollte der kühne Siegfried zwischen ihnen aufteilen. Als Lohn schenkten sie ihm das Schwert Nibelungs. Der Dienst, den ihnen Siegfried, der edle Held, leisten sollte, wurde ihnen allerdings sehr schlecht vergolten, denn er konnte die Teilung nicht beenden, weil sie in Zorn gerieten.

Sie besaßen ihre Freunde dort, zwölf kühne Lehnsmänner, starke Riesen. Doch was half ihnen das? Siegfried erschlug sie zornig, und mit dem guten Schwert Balmung bezwang er daraufhin noch siebenhundert Krieger aus Nibelungenland. Aus großer Furcht vor dem Schwert und dem kühnen Mann unterwarfen sich ihm viele junge Krieger und übergaben ihm ihre Länder und ihre Burgen. Die beiden mächtigen Könige erschlug er. Deshalb geriet er durch Alberich in große Gefahr, der seine Herren sogleich rächen wollte. Der starke Zwerg bekam allerdings Siegfrieds Kräfte zu spüren und konnte ihn nicht besiegen. Wie die wilden Löwen liefen sie in den Berg, wo Siegfried Alberich die Tarnkappe herunterriss. Damit war Siegfried, der furchteinflößende Mann, der Herr des Hortes. Alle, die zu kämpfen gewagt hatten, waren erschlagen. Den Schatz ließ er rasch dorthin bringen, woher ihn die Männer Nibelungs geholt hatten. Der gewaltige Alberich wurde Kämmerer, er musste ihm allerdings einen Lehnseid leisten. Zu allen Diensten war er ihm verpflichtet», berichtete Hagen, «dies hat Siegfried getan. Kein Held erreichte jemals eine größere Macht.»

«Noch eines weiß ich von ihm», fuhr Hagen fort, «der Held erschlug einen Drachen und badete in dessen Blut. Seine Haut wurde dadurch zu Horn, deshalb ist er unverwundbar. Das hat sich oft gezeigt. Wir müssen den Herrn sehr höflich empfangen, um nicht den Hass des jungen Helden auf uns zu ziehen. Er ist so kühn, man muss ihn sich gewogen machen, denn mit seiner Stärke hat er Unglaubliches vollbracht.» Der mächtige König Gunther antwortete: «Du wirst schon recht haben. Sieh nur, wie ritterlich und kampfbereit er, dieser kühne Mann, und seine Krieger dastehen. Wir werden ihm entgegengehen, hinab in den Hof.» «Das könnt Ihr», sagte Hagen, «in Ehren tun, denn er ist ja aus adligem Geschlecht, eines mächtigen Königs Sohn. Er hat eine Haltung eingenommen, die weiß Gott ausdrückt, dass er nicht wegen einer Kleinigkeit hergeritten ist.» Der Landesherr erwiderte: «Er sei uns willkommen. Er ist adlig und kühn, wie ich jetzt erfahren habe; dies soll ihm in Burgund von Nutzen sein.» Daraufhin begab sich Herr Gunther zu Siegfried.

Der Burgherr empfing mit seinen ritterlichen Begleitern den Fremden auf eine Weise, die dem Hofzeremoniell alle Ehre machte. Weil sie ihn so formvollendet begrüßten, verneigte sich der herrliche Mann vor ihnen. «Ich würde gerne erfahren», fragte der König sogleich, «woher Ihr, edler Siegfried, in dieses Land gekommen seid oder was Ihr in Worms am Rhein vorhabt.» Der Gast antwortete dem König: «Das will ich Euch nicht verschweigen. Ich habe zu Hause gehört, dass hier bei Euch – und das hätte ich gerne selbst in Erfahrung gebracht – die kühnsten ritterlichen Krieger sind, die jemals ein König besaß. Das habe ich oft vernommen, und deshalb bin ich hergekommen. Auch habe ich von Eurer eigenen Tapferkeit gehört, niemals habe man einen kühneren König gesehen. Darüber reden die Leute überall ausführlich. Nun möchte ich nicht ruhen, bis ich es weiß. Ich bin auch ein ritterlicher Krieger und bin für das Königsamt bestimmt. Ich möchte gerne erreichen, dass man von mir sagt, ich besäße Land und Leute zu Recht. Dafür bürge ich mit meiner Ehre und meinem Leben. Da Ihr, wie mir erzählt wurde, so kühn seid, so fordere ich von Euch, was Ihr besitzt; Länder und Städte sollen mir untertan werden. Es ist mir gleichgültig, ob dies jemand gefällt oder nicht.»

Der König und seine Vertrauten wunderten sich über das, was sie da vernahmen, dass ihm Siegfried nämlich seine Länder rauben wollte. Gunthers Männer hörten das und wurden zornig. «Womit hätte ich es verdient», antwortete Gunther, «das durch jemandes Stärke zu verlieren, was mein Vater lange ehrenvoll verwaltet hat? Wir bewiesen schlecht, dass auch wir ritterliche Tapferkeit und ritterliche Tugenden besitzen.» «Ich will die Forderung nicht zurücknehmen», erwiderte der kühne Siegfried, «wenn dein Land den Frieden nicht von deinem Mut und deiner Tapferkeit haben kann, dann will ich darüber herrschen. Erwirbst du *mein* Erbe durch Stärke, dann soll es *dir* untertan sein. Dein Erbe und meines sollen gleichwertig gegeneinandergesetzt sein. Wer von uns beiden den andern besiegen wird, dem soll alles dienen, Leute und Länder.»

Dem widersprach Herr Gernot auf der Stelle und sagte: «Wir denken nicht daran, Länder gewaltsam einzufordern, sodass Helden fallen. Wir besitzen reiche Länder, sie dienen uns von Rechts wegen, und niemand hat größeren Anspruch darauf.» Seine Vertrauten standen grimmig dabei. Auch Ortwin von Metz war unter ihnen; er sagte: «Solches Einlenken gefällt mir ganz und gar nicht. Der starke Siegfried hat Euch eine unrechtmäßige Fehde angesagt. Selbst wenn der kühne Herr ein ganzes königliches Aufgebot heranführen würde und Euch und Eurem Bruder keine Verteidigung zur Verfügung stünde, würde ich mir zutrauen, so mit ihm zu kämpfen, dass er guten Grund hätte, seinen maßlosen Hochmut zu lassen.» Heftig zürnte der Held aus den Niederlanden darüber und sprach: «Du sollst dir nicht anmaßen, gegen mich zu kämpfen. Ich bin ein mächtiger König und du bloß ein Königsvasall. Selbst zwölf deinesgleichen könnten mich niemals besiegen.» Jetzt rief Ortwin von Metz laut nach den Schwertern. Weiß Gott, er war der Neffe Hagens von Tronege! Dass der so lange schwieg, bedauerte der König. Gernot, der mutige und tapfere Ritter, trat dazwischen und sprach zu Ortwin: «Lasst Euer Zürnen sein. Herr Siegfried hat uns nichts angetan, was wir – dies schlage ich vor – nicht noch durch Höflichkeit schlichten und ihn dadurch zum Freund gewinnen könnten. Das wird uns mehr Ruhm einbringen.»

Jetzt bemerkte der starke Hagen: «Wir, alle deine Lehnsmänner, werden noch sehr bedauern, dass Siegfried an den Rhein kam, um zu kämpfen. Er hätte das lassen sollen. *Mei-*

ne Herren hätten ihn nicht derart beleidigt.» Darauf antwortete Siegfried: «Wenn Euch das kränkt, Herr Hagen, was ich gesagt habe, dann werde ich beweisen, dass ich hier in Burgund die Herrschaftsgewalt ausüben will.» «Dies werde ich allein abwenden», erwiderte Gernot. Er verbot allen seinen Männern etwas Unbedachtes zu sagen, das Siegfried hätte beleidigen können. In diesem Augenblick dachte dieser an die herrliche junge Frau. «Was nützte es uns», sagte Gernot, «wenn wir mit Euch kämpften. Wir hätten wenig Ehre davon, wie viele Helden dabei auch den Tod finden würden, und Ihr hättet kaum einen Nutzen.» Darauf antwortete ihm Siegfried, König Siegmunds Sohn: «Warum warten Hagen und Ortwin ab, mit ihren Freunden zum Kampf zu eilen, von denen sie hier in Burgund so viele haben?» Sie durften nicht reden, so war Gernots Rat. «Ihr und Eure Gefährten, die mit Euch gekommen sind», sagte Utes Sohn, «sollen uns willkommen sein. Wir, ich und meine Verwandten, werden Euch gerne dienen.» Jetzt ließ man den Gästen Gunthers Wein ausschenken. Der Landesherr sprach: «Wenn Ihr alles, was wir besitzen, *ehrenvoll* behandelt, sei es Euch untertan, und Leben und Gut sei mit Euch geteilt.» Da entspannte sich Herr Siegfried merklich.

Man ließ ihre Ausrüstung aufbewahren, und Siegfrieds Männer kamen in der besten Herberge unter, die es gab. Man sorgte für ihr Wohlbefinden. Siegfried sah man seitdem sehr gerne als Gast in Burgund. Man erwies ihm alle Tage große Ehre, tausendmal mehr, als ich euch erzählen kann. Ihr dürft mir glauben, das verdankte er seinem Mut und seiner Tapferkeit. Niemand hasste ihn. Die Könige und ihre Gefolgsleute unterhielten sich mit kurzweiligen Spielen, bei denen er immer der Beste war, was man auch unternahm. Niemand konnte ihm gleichkommen, so groß war seine Kraft, wenn sie den Stein warfen oder den Speer schossen. Wo die lebensfrohen Ritter, um ihr feines Benehmen zu zeigen, mit den Damen plauderten, da sah man den Helden aus den Niederlanden immer sehr gerne. Dieser dachte wieder und wieder an seine große Liebe.

Was man auch in Angriff nahm, er war kein Spielverderber. In seinem Innern trug er jedoch eine liebliche junge Frau, und auch die Dame, die er noch nie gesehen hatte und die heimlich von ihm sehr oft liebevoll sprach, trug ihn in ihrem Herzen. Seit seiner Ankunft schaute Kriemhild, die vornehme Königin, durch die Fenster, wenn die jungen Männer, Ritter und Knappen, auf dem Burghof spielten. In dieser Zeit brauchte sie sonst keine andere Unterhaltung. Hätte er gewusst, dass ihn die, die er in seinem Herzen trug, sah, hätte er Abwechslung genug gehabt. Hätten seine Augen sie erblickt, das weiß ich wohl, dass es ihm dann auf dieser Welt nicht besser hätte ergehen können. Wenn Siegfried, Sieglinds Sohn, sich bei den Rittern auf dem Burghof aufhielt, wie man es noch heute aus Geselligkeit tut, sah er so schön aus, dass ihn manche Dame in ihr Herz schloss. Doch dieser dachte viele Male: «Wie kann ich es einrichten, dass ich die edle junge Frau leibhaftig sehen kann? Die, die ich seit langem von Herzen liebe, ist mir noch fremd; darüber bin ich sehr traurig.»

Immer wenn die mächtigen Könige in ihre Länder ritten, mussten ihre Lehnsmänner sie begleiten. Auch Siegfried musste mit, das bekümmerte die Dame. Auch er litt oft sehr durch seine Liebe zu ihr. So lebte er bei den Herren im Land Gunthers wahrhaftig ein volles Jahr, ohne die Schöne, die ihm bald viel Freude, aber auch viel Leid brachte, in dieser Zeit jemals gesehen zu haben.

4. AVENTÜRE
DER KRIEG GEGEN DIE SACHSEN UND DÄNEN

Der Sachsenfürst Lüdeger und der Dänenkönig Lüdegast kündigen über Boten einen Heereszug nach Burgund an; ein Krieg könne allerdings durch Verhandlungen abgewehrt werden. Gunther berät sich nach Königsart mit seinen Vertrauten, dabei schlägt Hagen vor, Siegfried mit heranzuziehen. Dieser bietet sich dem bekümmerten Gunther als Freund und Helfer an und sagt:

«Tut, worum ich Euch bitte, lasst mich für Euch Ehre und Gewinn holen und haltet Eure Krieger an, Euch auch zu Hilfe zu kommen. Wenn Eure mächtigen Feinde von dreißigtausend Kriegern unterstützt werden, so werde ich sie besiegen, auch wenn ich nur tausend hätte. Verlasst Euch auf mich.» König Gunther antwortete: «Dafür bin ich dir ewig dankbar.» «So gebt mir», verlangte Siegfried, «zur Verteidigung Eures Landes tausend Eurer Männer, weil ich selbst nur zwölf Krieger bei mir habe. Ich werde Euch immer treu und verlässlich dienen. Hagen und Ortwin sollen uns gleichfalls begleiten, dazu Dankwart und Sindold, deine geschätzten Helden. Schließlich soll der kühne Vasall Volker mitreiten und die Fahne tragen, denn niemandem vertraue ich sie lieber an. Lasst die Boten in die Länder ihrer Herren zurückreiten und verkündet ihnen, dass diese uns bald sehen werden, damit unsere Burgen Frieden haben können.» Da schickte der König nach Verwandten und Lehnsmännern.

Lüdegers Boten erschienen am Hof und waren sehr froh, dass sie nach Hause durften. Der gute König Gunther beschenkte sie reich und verschaffte ihnen sicheres Geleit. Darüber waren sie hocherfreut. «Berichtet meinen mächtigen Feinden», trug Gunther ihnen auf, «sie sollten mit ihrem Kriegszug lieber daheim bleiben. Wollen sie mich aber hier in meinen Ländern aufsuchen, wird es ihnen schlecht ergehen, sofern mich meine Freunde nicht verlassen.» Man brachte den Boten reiche Geschenke, die Gunther ihnen leicht geben konnte und die sie nicht abzulehnen wagten. Nachdem sie sich verabschiedet hatten, ritten sie frohgemut fort.

Als Lüdegers Männer in Dänemark angekommen waren und der König vernommen hatte, mit welcher Auskunft sie vom Rhein zurückkehrten, bereitete ihm diese Anmaßung große Sorge. Die Boten berichteten, dass die Burgunder viele kühne Krieger besäßen, unter diesen hätten sie einen Kämpfer gesehen, einen Helden namens Siegfried aus den Niederlanden. Als Lüdegast dies erfuhr, kam er ins Grübeln, und als die Dänen es hörten, beeilten sie sich, noch mehr Freunde anzuheuern, bis Herr Lüdegast zwanzigtausend seiner kühnsten Männer für seine Heerfahrt aufgebracht hatte. Auch König Lüdeger von Sachsen sammelte ein Heer, so lange, bis beide über vierzigtausend Krieger beisammen hatten, mit denen sie in Burgund einfallen wollten. Dort hatte König Gunther mithilfe seiner Verwandten und den Vasallen seiner Brüder ein Heer aufgestellt, das sie zusammen mit den Kämpfern Hagens in die Schlacht führen wollten. Sie waren dazu gezwungen, und aus diesem Anlass fanden später viele Krieger den Tod.

Die Burgunder bereiteten den Kriegszug sorgfältig vor. Als sie aufbrechen und von Worms aus den Rhein überqueren wollten, durfte der kühne Vasall Volker die Fahne tragen, Hagen von Tronege führte die Truppe an. Mit ihnen ritten auch Sindold und Hunold, die Gunthers Gold zu Recht verdienten, sowie Dankwart, Hagens Bruder, und Ortwin, die beide der Heerfahrt große Ehre machten. «Herr König», sagte Siegfried, «weil Eure Kämpfer mir folgen wollen, könnt Ihr hier frohgemut zu Hause bei den Damen bleiben. Ich kann Eure Ehre und Euren Besitz sehr gut alleine beschützen. Ich werde schon dafür sorgen, dass die, die Euch in Worms am Rhein heimsuchen wollten, bei sich zu Hause bleiben werden, denn wir werden so weit in ihr Land hineinreiten, dass ihr Hochmut in Besorgnis umschlagen wird.»

Vom Rhein aus ritten sie mit ihren Kriegern durch Hessen auf Sachsen zu; dort wurde dann gekämpft. Mit Raub und Brand verwüsteten sie das Land so sehr, dass es Lüdeger und Lüdegast heftig beunruhigte. Als sie in die Grenzregion kamen, marschierten die Knechte beiseite, und der gewaltige Siegfried fragte: «Wer soll nun das Gesinde bewachen?» Weiß Gott, niemals erlitten die Sachsen größere Verluste als in dieser Schlacht. Die Burgunder sagten: «Lasst Dankwart das Gesinde bewachen, er ist ein mutiger Krieger, denn dann werden uns Lüdegers Männer weniger Verluste zufügen. Lasst ihn und Ortwin die Nachhut übernehmen.» «Ich selbst», sagte Siegfried, «will losreiten, um die Feinde von einer Warte aus zu beobachten, bis ich genau weiß, wo sie sind.» Da wurde der Sohn der schönen Sieglind rasch bewaffnet. Bevor er aufbrach, vertraute er das Heer Hagen und dem kühnen Mann Gernot an und ritt allein hinweg ins Land der Sachsen. An diesem Tag würde er viele Helmriemen zerschlagen.

Siegfried erblickte das große Heer – wohl über vierzigtausend Mann –, das auf dem Feld lagerte und dem sein Aufgebot für Gunther zahlenmäßig weit unterlegen war. Der tatendurstige Siegfried sah das frohgemut. Auch bei den Feinden hatte sich ein sorgfältig ausgerüsteter Kämpfer auf einen Beobachtungsritt begeben. Beide nahmen sich gegenseitig ins Visier, Siegfried und dieser mutige Mann, und feindselig beäugte jeder den anderen. Ich erzähle euch, wer der auf der Warte war: Ein goldglänzender Schild lag ihm vor der Hand; es war König Lüdegast, der sein Heer bewachte. Siegfried, der edle Fremde, sprengte ihm in herrlichem Ritt entgegen. Jetzt hatte ihn auch Herr Lüdegast als Feind ausgemacht. Beide gaben ihren Rossen die Sporen und zielten kraftvoll mit den Lanzen auf die Schilde des Gegners. Das brachte den mächtigen König in große Bedrängnis. Nach dem Stich trugen die Rosse die reichen Königskinder aneinander vorbei, als ob der Wind sie trüge. Ritterlich wurde mit den Zügeln gewendet, und die beiden grimmigen Männer griffen nun mit den Schwertern an. Da schlug Herr Siegfried zu, dass das Schlachtfeld dröhnte; durch seine Schläge stoben die feuerroten Funken aus dem Helm wie bei großen Feuersbrünsten. Jeder traf beim andern auf einen gleichwertigen Gegner, denn auch Herr Lüdegast versetzte ihm viele grimmige Schläge, und ihrer beider Kraft lag auf den Schilden. Die dreißig Männer Lüdegasts, die sich auf einem Bobachtungsritt befanden, kamen freilich zu spät, um ihrem Herrn zu helfen, denn Siegfried hatte durch drei starke Wunden, die er dem König durch dessen glänzende Rüstung geschlagen hatte – die scharfen Schneiden des Schwertes ließen das Blut aus den Wunden strömen –, den Sieg schon davongetragen.

Lüdegast bekam Todesangst, er flehte um sein Leben, bot Siegfried sein Reich an und gab sich als Lüdegast zu erkennen. Jetzt kamen seine Krieger an, die gut beobachtet hatten, was da zwischen beiden auf der Warte geschehen war. Siegfried wollte Lüdegast mit sich führen, doch da rannten ihn die dreißig an. Aber der Held verteidigte mit mächtigen Schlägen seine wertvolle Geisel. Später würde der großartige Krieger noch mehr Schaden anrichten. Bis auf einen schlug er die wehrhaften dreißig tot, und dieser Eine ritt ziemlich schnell, um zu melden, was sich ereignet hatte. Sein blutroter Helm bestätigte die Wahrheit. Die Dänen betrübte es sehr, als ihnen berichtet wurde, dass ihr Herr gefangen war. Man übermittelte es seinem Bruder, der darüber, weil es ihn schmerzte, in unmäßigen Zorn geriet.

Siegfried führte den Kämpfer Lüdegast zu Gunthers Kriegern und übergab ihn Hagen. Als die Burgunder erfuhren, dass es sich um den König handelte, waren sie nur mäßig betrübt. Man befahl ihnen, ihre Fahnen aufzustecken. «Wohlan», rief Siegfried, «hier tut sich vor Ende des Tages noch mehr, sollte ich am Leben bleiben.» Dies bekümmerte in Sachsen viele schöne Frauen. «Ihr Helden vom Rhein», fuhr er fort, «achtet auf mich, ich kann euch sicher in Lüdegers Heer hineinführen, und dann seht ihr, wie von tapferen Helden Helme zerhauen werden. Bevor wir umkehren, haben wir sie in große Schwierigkeiten gebracht.»

Gernot eilte mit seinen Männern zu den Rossen; Herr Volker, der starke Spielmann, riss die Fahne hoch und zog dem Heer voran. Auch die übrige Truppe brannte auf den Kampf, und sie hatten doch nicht mehr als tausend Männer, darüber hinaus die zwölf fremden Kämpfer Siegfrieds. Sie ritten über Land, der Staub wirbelte von den Wegen auf, ihre herrlichen Schilde glänzten. Auch die Sachsen erschienen mit ihren Scharen und, wie ich später gehört habe, sehr scharfen Schwertern. Mit diesen fügten sie den Burgundern schreckliche Wunden zu, denn sie wollten ihre Burgen und ihr Reich vor den Fremden verteidigen. Ein Heerführer der Sachsen führte die Kriegerschar an. Auch Siegfried war mit seinen Gefährten, die er aus den Niederlanden mitgebracht hatte, eingetroffen. An diesem Tag gab es in der Schlacht viele blutige Hände. Sindold, Hunold und Gernot schlugen im Kampf viele Helden tot, ehe diese noch recht gemerkt hatten, welchen mutigen Gegnern sie gegenüberstanden. Dies mussten später viele edle Frauen beweinen. Die kampferprobten Männer Volker, Hagen und Ortwin löschten den Glanz vieler Helme mit fließendem Blut. Auch von Dankwart wurden fantastische Taten vollbracht.

Die Dänen erprobten ihre Hände gut. Vom Zusammenprallen der Schilde und von den scharfen Schwertern, die oft aufeinander schlugen, entstand ein ungeheurer Lärm. Die im Krieg erfahrenen Sachsen richteten einen ziemlich großen Schaden an. Als die Burgunder in die Schlacht eingriffen, schlugen sie viele klaffende Wunden. Blut floss über die Sättel. Auf diese Weise strebten die kühnen und edlen Ritter nach Ruhm und Ehre. Als die Niederländer hinter ihrem Herrn in die fest zusammenstehenden Scharen eindrangen, da erklangen die scharfen Schwerter laut in den Händen der Helden. Zusammen mit Siegfried stürmten sie tapfer voran, keiner der Burgunder konnte diesem allerdings folgen. Blutige Bäche ließ er durch die lichten Helme fließen, bis er schließlich Lüdeger an der Spitze seiner Kampfgefährten traf. Dreimal war Siegfried hin und zurück durch das feindliche Heer gestoßen, bis Hagen kam, der ihm half, seinen Kampfgeist zu befriedigen. Viele tapfere Ritter mussten an diesem Tag sterben.

Als der starke Lüdeger Siegfried mit dem edlen Schwert Balmung in der hoch erhobenen Hand sah, mit dem er so viele Helden erschlug, ergrimmte er vor Zorn. Als beider Kampfgefährten aufeinander trafen, entstand ein großes Gedränge und Waffengeklirr, weshalb sich beide noch heftiger angriffen. Die Scharen wichen, großer Hass flammte auf. Der Vogt der Sachsen wusste wohl, dass sein Bruder gefangen war, und das schmerzte ihn sehr, aber er wusste nicht, dass es Sieglinds Kind getan hatte, denn man beschuldigte Gernot. Später erfuhr er die Wahrheit. Lüdeger schlug so kraftvoll zu, dass das Pferd unter Siegfried strauchelte. Als sich das Ross wieder erholt hatte, wurde der kühne Siegfried von einer schrecklichen Kampfeswut ergriffen. Hagen und Gernot, Dankwart und Volker halfen ihm, und sie töteten viele Feinde. Auch Sindold, Hunold und der Held Ortwin konnten in der Schlacht viele Gegner niederstrecken. Die beiden edlen Fürsten waren im Kampf nicht voneinander zu trennen. Zahllose Speere flogen aus ihrer Hand über die Helme durch die vielen lichten, herrlichen Schilde, die sich mit Blut färbten. In der tobenden Schlacht stiegen viele von den Rossen, und auch der kühne Siegfried und Lüdeger stürmten zu Fuß aufeinander los. Lanzen flogen und zahllose scharfe Speere. Siegfried sprengte Lüdegers Schildspangen, und der kühne Held aus den Niederlanden setzte nun alles daran, den mutigen Sachsen, von denen viele verwundet waren, den Todesstoß zu versetzen. Hei, wie viele lichte Ringe der kühne Dankwart zerbrach! Da erkannte Herr Lüdeger die Krone auf dem Schild, den Siegfried trug, und wusste nun, wer dieser kräftige Mann war. Laut rief er deshalb seinen Freunden zu: «Männer, beendet den Kampf. Ich habe hier Siegmunds Sohn erkannt, den starken Siegfried. Der böse Teufel hat ihn nach Sachsen geschickt.» Er ließ die Fahne in der Schlacht senken und begehrte Frieden, den man ihm auch gewährte. Allerdings wurde er als Geisel in Gunthers Reich gebracht. Dies hatte der kühne Siegfried erzwungen.

Die Burgunder nehmen Gefangene und versorgen die eigenen Verwundeten. Die Nachricht über den Sieg und die herausragende Leistung Siegfrieds werden in Worms mit Freude aufgenommen. Ein heimlicher Bote erzählt Kriemhild von Siegfrieds überragendem Kampf, und sie schließt ihn um so mehr in ihr Herz:

Ihr herrliches Antlitz färbte sich rosenrot, weil der schöne junge Ritter Siegfried so glücklich aus der großen Schlacht hervorgegangen war. Sie freute sich auch über ihre Verwandten, wozu sie allen Anlass hatte.

Sie belohnt den Boten mit reichen Gaben. Freudig empfängt Gunther die heimkehrenden Krieger, nur sechzig seiner Männer sind auf dem Felde geblieben. Die Verwundeten werden von Heilkundigen gepflegt, die Feinde freundlich empfangen und gut versorgt, die befreundeten Kämpfer reich beschenkt. Gernot schlägt vor, in sechs Wochen, wenn auch die Schwerverwundeten wieder gesund seien, eine große Siegesfeier zu veranstalten. Als Siegfried Abschied nehmen will, hält ihn Gunther zurück:

Auch Siegfried aus den Niederlanden wollte sich verabschieden. Als König Gunther dies erfuhr, bat er ihn herzlich, noch zu bleiben. Siegfried blieb, jedoch nur wegen dessen Schwester, sonst wäre er gegangen. Um Geschenke anzunehmen, war er zu mächtig. Er hätte sie freilich verdient, denn der König und seine Verwandten, die seine große Leistung in der Schlacht miterlebt hatten, waren ihm gewogen. Ja, wegen der schönen Kriemhild wollte er noch bleiben. Ach, wenn er sie doch sehen könnte! Bald würde es geschehen, und er lernte die junge Frau kennen, wie er es sich gewünscht hatte, und wenig später ritt er frohgemut in das Reich seines Vaters zurück.

5. AVENTÜRE
SIEGFRIEDS ERSTE BEGEGNUNG MIT KRIEMHILD

Aufwändig wird die Siegesfeier, die zu Pfingsten stattfindet, vorbereitet. Prächtige Gewänder werden angefertigt, über fünftausend Gäste kommen an, und ganz Burgund ist in freudiger Erwartung. Der für die Feierlichkeiten zuständige Truchsess Ortwin empfiehlt dem König, die Damen vorzuführen:

«Wenn Ihr bei diesem Fest Eure ganze Herrlichkeit zur Schau stellen wollt, dann solltet Ihr die wunderschönen jungen Damen, Burgunds ganzen Zierde, präsentieren. Worüber ist ein Mann denn entzückt, wenn nicht über bezaubernde Mädchen und herrliche Frauen? Lasst Eure Schwester vor den Gästen auftreten.» Dieser Vorschlag wurde vielen Helden zuliebe unterbreitet. «Dem stimme ich gerne zu», antwortete der König. Alle, die es erfuhren, freuten sich sehr. Er ließ Frau Ute und ihrer hübschen Tochter mitteilen, dass sie mit ihren Begleiterinnen am Hof erscheinen sollten. Da wurden kostbare Kleider aus den Truhen geholt, und die edlen Gewänder, die man in den Umschlagtüchern fand, sowie Ringe und Borten wurden bereitgelegt. Eifrig schmückten sich die vielen schönen jungen Frauen. Zahlreiche junge Männer bildeten sich an diesem Tag ein, dass die Damen sie gerne anschauen würden, und dafür hätten sie ein Königreich hingegeben. Sie würden die gerne anschauen, die sie noch nie gesehen hatten.

Der mächtige König ließ seine Schwester von etwa hundert burgundischen Dienstmannen aus deren und seiner Verwandtschaft geleiten; sie trugen Schwerter und sollten ihr dienen. Die vornehme Ute kam mit ihr, sie hatte sich als Begleitung etwa hundert schöne Damen ausgewählt, die kostbar eingekleidet waren. Ihrer Tochter folgten außerdem noch zahlreiche hübsche Mädchen. Als die Damen aus der Kemenate traten, drängelten sich die Männer freudig und hofften, die edle junge Frau erblicken zu können. Die Bezaubernde erschien wie das Morgenrot, das aus den grauen Wolken hervorbricht. Da endete für den, der sie schon so lange im Herzen getragen hatte, alles Leid, denn er sah die wunderbare Frau in ihrer ganzen unvergleichlichen Schönheit vor sich. Von ihrem Gewand blitzten zahlreiche Edelsteine, und ihr rosenrotes Antlitz strahlte lieblich. Wenn jemand einen Wunsch frei gehabt hätte, er hätte sich nichts Schöneres auf der Welt wünschen können. Wie der helle Mond vor den Sternen, dessen Schein ungetrübt zwischen den Wolken hervortritt, stand sie vor den vielen vornehmen Damen. Den tüchtigen Helden schlugen die Herzen höher.

Vor ihr schritten die reichen Kämmerer, und die stolzen Ritter drängelten sich zu der entzückenden jungen Dame. Das freute Siegfried und machte ihn zugleich traurig, denn er dachte bei sich: «Wie könnte ich deine Liebe gewinnen? Das ist doch eine törichte Hoffnung. Muss ich dich aber lassen, dann wäre ich lieber tot.» Diese Gedanken ließen ihn abwechselnd erbleichen und erröten. Reizend anzuschauen war Siegmunds Sohn, wie von der Kunst eines großen Meisters auf Pergament gemalt! Man sagte ja auch, dass man noch nie einen schöneren Helden als ihn gesehen hätte.

Die Begleiter der Damen machten den Weg für diese frei; die zahlreichen Ritter wichen zurück. Viele freuten sich über die hochherzigen Frauen, sah man doch zahllose herrliche, fein gesittete Damen. Da sagte Herr Gernot aus Burgund: «Gunther, lieber Bruder, Ihr müsst dem, der Euch so großartig diente, im Angesicht aller dieser Ritter einen gleichwertigen Dienst erweisen. Für den folgenden Vorschlag schäme ich mich nicht: Lasst Siegfried zu meiner Schwester kommen, damit die junge Frau ihn begrüßen kann. Das wird uns für immer nützen. Die nie einen ritterlichen Helden grüßte, die soll ihm ihren Gruß schenken, denn damit haben wir den großartigen Krieger für uns gewonnen.»

Da gingen die Verwandten des Landesherrn zu dem Ritter aus den Niederlanden und sagten: «Der König hat Euch gestattet, an den Hof zu kommen. Seine Schwester wird Euch grüßen und Euch damit eine Ehre erweisen.» Herr Siegfried war davon sehr angetan. In seinem Herzen war nun Freude ohne Leid, weil er Utes schöne Tochter sehen durfte. Hinreißend, wie sie Siegfried wenig später begrüßte! Als sie ihn vor sich sah, errötete er. Die schöne junge Frau sagte: «Seid willkommen, Herr Siegfried, edler, tapferer Ritter.» Dieser Gruß stimmte ihn froh, und er verneigte sich höflich vor ihr. Sie ergriff seine Hand. Oh, wie bezaubernd er neben der jungen Dame ging! Beide, der Herr und auch die Dame, schauten sich heimlich mit verliebten Blicken an. Ich weiß nicht, ob da aus herzlicher Liebe schneeweiße Hände zärtlich gedrückt wurden, kann jedoch nicht glauben, dass es unterblieb. Sehr schnell hatte Kriemhild Siegfried ihre Zuneigung gezeigt. Weder der Sommer noch der Mai hätte sein Herz mehr erfreuen können als die, die mit ihm Hand in Hand ging und die er zur Liebsten haben wollte. Viele Krieger dachten bei sich: «Ach, ginge es mir doch wie ihm, dass ich neben ihr gehen oder gar bei ihr liegen könnte! Das würde mir schon gefallen.» Kein Ritter schenkte jemals einer Königin mehr Aufmerksamkeit. Die Gäste, die aus aller Herren Länder gekommen waren, nahmen nur diese beiden wahr. Kriemhild wurde gestattet, den schönen Mann zu küssen. Noch nie hatte er sich so gefreut. Der König von Dänemark meinte: «Diese hohe Auszeichnung ist der Grund, warum viele Männer durch Siegfried sterben mussten, das spüre ich wohl. Gott halte ihn von meinem Königreich fern!»

Allenthalben forderte man dazu auf, der schönen Kriemhild Platz zu machen, und viele kühne Krieger gingen in sich gekehrt mit ihr zur Kirche. Dadurch musste sich der großartige Mann von ihr trennen. Mit zahlreichen Frauen betrat die Königin den Dom. Sie sah wunderschön aus, doch alle hochtrabenden Männerphantasien waren umsonst, sie musste eine Augenweide bleiben.

Siegfried konnte das Ende der Messe kaum erwarten. Er war seinem Schicksal unendlich dankbar, dass ihm seine Herzallerliebste so zugetan war, denn auch er hatte viele gute Gründe, die Schöne zu lieben. Als sie aus dem Dom trat – er hatte ihn schon vorher verlassen –, bat man den kühnen Ritter, wieder zu ihr zu gehen. Jetzt erst bedankte sich die hinreißende junge Frau, dass er als bester Krieger so herrlich gekämpft hatte. «Gott belohne Euch dafür», sagte die Schöne, «dass Ihr Euch, wie ich höre, durch Eure große Leistung die Zuneigung der Krieger verdient habt.» Verliebt schaute Siegfried Frau Kriemhild an und erwiderte: «Mein Leben lang werde ich mich bemühen, ihnen immer hilfreich beizustehen, um ihre Wünsche zu erfüllen. Ich tue das, meine Herrin Kriemhild, um Euch zu huldigen.» In den kommenden zwölf Tagen hielt sich die herrliche Frau, wenn sie an den Hof zu ihrer Familie gerufen wurde, bei dem jungen Krieger auf, was sie ihm zuliebe sehr gerne tat.

Das Siegesfest klingt aus, die Verwundeten genesen, die ehemaligen Feinde bitten um einen ewigen Frieden, und auf Siegfrieds Rat hin verzichtet Gunther auf Reparationsleistungen. Zum Abschied erhält jeder der befreundeten Gäste ein außergewöhnlich großes Geldgeschenk. Giselher hält Siegfried von der Heimreise ab, man pflegt mancherlei Geselligkeit, doch immer wieder quält den Prinzen aus Xanten die Liebe.

Neue Geschichten begannen am Rhein, wo man sich erzählte, es gäbe viele schöne junge Frauen. Um eine von ihnen wollte der gute König Gunther werben. Erfüllt von diesem Wunsch, geriet er in eine euphorische Stimmung.

6. AVENTÜRE
GUNTHERS BRAUTFAHRT

Jenseits des Meeres lebte eine Königin, eine einmalige Erscheinung, denn sie war nicht nur ausnehmend schön, sondern auch ungeheuer stark. Mit tapferen Männern, die ihre Liebe begehrten, verglich sie sich im Speerwurf, schleuderte den Stein in die Ferne und sprang diesem weit nach.

Jeder, der die Liebe der hochgeborenen Dame begehrte, musste aus den drei Disziplinen als eindeutiger Sieger hervorgehen. Versagte er nur einmal, hatte er sein Leben verwirkt. Die junge Herrin hatte schon zahlreiche solcher Wettkämpfe bestanden. Davon hatte ein hübscher Ritter am Rhein gehört, der nun alle seine Sinne dieser schönen Frau zuwandte. Das würde später vielen Helden das Leben kosten.

Der Vogt vom Rhein sprach: «Was auch geschieht, ich will hinunter ans Meer zu Brünhild und mein Leben wagen, um ihre Liebe zu gewinnen. Ich will es verlieren, wenn sie nicht meine Frau wird.» «Davon rate ich ab», sagte Siegfried, «denn die Königin ist so schrecklich, dass es jeden teuer zu stehen kommt, der um ihre Liebe wirbt. Deshalb solltet Ihr diese Fahrt auf keinen Fall unternehmen.» «Ich möchte Euch dagegen raten», wandte sich Hagen an seinen König, «dass Ihr Siegfried bittet, mit Euch die schwere Aufgabe zu übernehmen: Ich schlage Euch das vor, weil er über Brünhild so genau Bescheid weiß.» Gunther fragte: «Willst du, edler Siegfried, mir nicht helfen, um die Liebliche zu werben? Erfüllst du mir meine Bitte und wird die bezaubernde Frau meine Liebste, dann werde ich auch einmal für dich Ehre und Leben einsetzen.» Darauf entgegnete Siegfried, Siegmunds Sohn: «Wenn du mir deine Schwester gibst, die schöne Kriemhild, die edle Königin, dann werde ich es tun. Keinen anderen Lohn begehre ich für meine Arbeit.» «Siegfried», antwortete Gunther, «das verspreche ich dir in deine Hand: Wenn die schöne Brünhild in mein Reich kommt, dann werde ich dir meine Schwester zur Frau geben, und dann kannst du mit der Schönen für alle Zeit in Freuden leben.» Die beiden ehrenhaften Männer bekräftigten dies mit Eiden. Bevor sie die Dame an den Rhein bringen konnten, hatten sie aber noch viel Arbeit vor sich, denn bald gerieten sie in große Schwierigkeiten.

Die tapferen und mächtigen Helden machten sich für die Reise bereit. Der mutige Siegfried musste die Tarnkappe mit sich nehmen, die er unter großer Gefahr einem Zwerg namens Alberich abgenommen hatte. Wenn der starke Siegfried diese Tarnkappe trug, besaß er gewaltige Kräfte und gewann zu seiner eigenen Stärke noch die Stärke von zwölf Männern hinzu. Er warb mit großer List um die herrliche Frau. Außerdem konnte man in dem Tarnmantel tun, was man wollte, man blieb unsichtbar. So würde er Brünhild gewinnen; dies brachte ihm aber auch viel Leid ein.

«Nun», sagte Gunther, «rate mir, Held Siegfried, vor Antritt meiner Reise, ob wir nicht ein größeres Heer in Brünhilds Land mitführen sollten. Dreißigtausend Krieger sind schnell herbeigeschafft.» «Wir können so viele Bewaffnete mitnehmen, wie wir wollen», antwortete Siegfried, «die Königin hat die fürchterliche Angewohnheit, sie in ihrem Hochmut alle töten zu lassen. Ich werde Euch, mutiger und edler Held, einen besseren Vorschlag unterbreiten. Wir werden nach Art der alten Helden, in Reckenweise, den Rhein hinuntersegeln, und ich will dir gleich sagen, wer es sein soll. Nur zu viert fahren wir zur See, denn nur so gewinnen wir die Dame, gleichgültig, was uns danach passiert. Einer bin ich, der Zweite sollst du sein, der Dritte sei Hagen, der Vierte Dankwart, der kühne Vasall. So bleiben wir am Leben, und selbst Tausende werden uns nicht besiegen können.» «Bevor wir aufbrechen», sagte der König, «wüsste ich noch gerne, mit welchen passenden Gewändern wir Brünhild gegenübertreten können. Sagt es mir, ich würde mich darüber freuen.» «Bei Brünhild», antwortete Siegfried, «trägt man stets die allerbesten Kleider, die es gibt. Deshalb und damit wir uns nicht schämen müssen, wenn man davon erzählt, sollten wir in kostbaren Gewändern vor der Dame erscheinen.»

Auf Bitten Gunthers schneidert Kriemhild mit dreißig jungen Frauen außerordentlich kostbare Gewänder. Sie betreibt einen beträchtlichen Aufwand, sollen doch für den geplanten viertägigen Aufenthalt bei Brünhild drei unterschiedliche Ausstattungen angefertigt werden. Nach sieben Wochen ist die Arbeit beendet, und auch die Rüstungen sind fertig. Ein kleines, stabiles Schiffchen steht für die Fahrt bereit. Nach schwerem, tränenreichen Abschied brechen die Herren auf:

Ein starker Wind blähte das Segel des Schiffes, als die stolzen Freunde auf dem Rhein fuhren. König Gunther fragte: «Wer soll denn nun Steuermann sein?» «Das möchte ich», antwortete Siegfried, «denn wisst, edle Helden, ich kann euch den Strom hinabführen, weil ich die rechte Wasserstraße gut kenne.» So schieden sie frohgemut aus Burgund. Siegfried ergriff sogleich eine Schaltstange, mit der er das Schiff vom Ufer abstieß. Der mutige Gunther nahm selbst das Ruder in die Hand; so verließen die kühnen und ruhmreichen Ritter das Land. Auserlesene Speisen und edlen Wein, den besten, den es am Rhein gab, führten sie mit sich. Schön standen ihre Rosse und verhielten sich ruhig; das Schiff ging gleichmäßig, sie hatten keine Probleme. Ihre starken Segelseile wurden straff gespannt, und vor Einbruch der Nacht fuhren sie bei günstigem Wind zwanzig Meilen der See entgegen. Diese anstrengende Arbeit führte die frohgestimmten Männer später allerdings ins Unglück.

Am Morgen des zwölften Tages, so hat man uns erzählt, hatten sie die Winde weit fort nach Isenstein, in Brünhilds Reich, getragen. Nur Siegfried kannte es. Als König Gunther die vielen Burgen und die weiten Gaue erblickte, fragte er unverzüglich: «Sagt mir, Freund Siegfried, wisst Ihr, wem diese Burgen und dieses herrliche Land gehören?» Darauf erwiderte Siegfried: «Ich weiß es wohl, es ist Brünhilds Reich mit der Feste Isenstein, wovon ich Euch erzählt habe.

Heute noch könnt Ihr dort viele schöne Damen anschauen. Euch Männer rate ich jedoch, mit *einer* Stimme zu sprechen, denn das scheint mir wichtig. Wenn wir heute vor Königin Brünhild treten, dann müssen wir ihr mit aller Vorsicht begegnen. Liebe Herren, wenn wir vor der attraktiven Frau und ihrem Gefolge stehen, dann dürft ihr über die Beziehung zwischen Gunther und mir nur sagen, dass dieser mein Herr sei und ich sein Vasall. Dann wird alles so laufen, wie er es sich erhofft.» Aus Hybris, aus Vermessenheit, waren sie dazu bereit, dies feierlich zu versprechen; keiner unterließ es. Sie gestanden Siegfried zu, was er begehrte, dadurch hatten sie Erfolg, damals, als König Gunther die schöne Brünhild aufsuchte. «Allerdings», wandte sich Siegfried an Gunther, «gelobe ich dies nicht so sehr, um *dir* einen Gefallen zu tun, als wegen deiner Schwester, der schönen jungen Frau. Sie ist mir wie meine Seele und mein eigenes Leben. Ich tue es gerne, damit sie meine Frau wird.»

7. AVENTÜRE
DER SIEG ÜBER BRÜNHILD

Währenddessen war ihr Schiff der Burg so nahe gekommen, dass der König oben in den Fenstern zahlreiche schöne Frauen stehen sah. Gunther bedauerte, dass er keine von ihnen kannte, und fragte deshalb seinen Gefährten Siegfried: «Wisst Ihr etwas über diese jungen Frauen, die dort zu uns auf die See herabschauen, und über ihren Herren? Sie sind sehr anmutig.» Herr Siegfried antwortete: «Schaut heimlich zu den jungen Damen und sagt mir dann, welche Ihr nehmen wolltet, wenn Ihr könntet.» «Das werde ich tun», entgegnete Gunther, der kühne und mutige Ritter: «Dort in jenem Fenster sehe ich eine in schneeweißem Gewand, die sieht sehr gut aus. Diese wählen meine Augen wegen ihrer

Schönheit. Wenn es in meiner Macht stünde, dann müsste diese meine Frau werden.» «Deine Augen», so Siegfried, «haben richtig gewählt, denn es ist die edle Brünhild, die schöne Jungfrau, nach der sich dein Herz, deine Sinne und dein Geist sehnen.» Edel schien Gunther ihr ganzes Wesen.

Da befahl die Königin ihren herrlichen jungen Frauen aus den Fenstern zu treten. Sie dürften da nicht stehen und den Blicken der Fremden ausgesetzt sein. Sie gehorchten, und was sie dann taten, wurde uns auch erzählt. Sie putzten sich für die unbekannten Männer heraus, wie dies schöne Frauen immer tun, und liefen danach zu den schmalen Fenstern, den Schießscharten, um die Helden anzuschauen.

Es waren nur vier, die an Land gingen. Von ihren Fenstern aus beobachteten die schönen Frauen, wie der kühne Siegfried Gunthers Ross ans Ufer zog – dadurch fühlte sich der König ausgezeichnet – und das herrliche, edle und schöne, große und starke Pferd am Zaum hielt, bis sich der König in den Sattel gesetzt hatte. So diente ihm Siegfried; Gunther hatte dies allerdings schon bald ganz und gar vergessen. Danach zog Siegfried auch sein Ross vom Schiff herab. Einen derartigen Marschalldienst, nämlich einem berühmten Helden den Steigbügel zu halten, hatte er zuvor noch nie verrichtet. Die schönen Edeldamen beobachteten dies durch die Schießscharten.

Rosse und Kleider der hübschen Helden sahen in ihrer schneeweißen Farbe vollkommen gleich aus, und die guten Schilde leuchteten vor den Händen der stattlichen Männer, als sie herrlich vor Brünhilds Halle ritten. Die Sättel der Pferde waren mit Edelsteinen besetzt, rotgoldene Schellen hingen an den schmalen Brustriemen. Die beiden großartigen Männer waren mit frisch geschärften Speeren und gut geschmiedeten Schwertern, die bis auf die Sporen reichten, ins Land gekommen, weil sie mutig waren. Dies alles sah Brünhild, die herrliche Jungfrau. Mit beiden kamen Dankwart und Hagen an Land. Wir haben gehört, dass sie prächtige Gewänder von rabenschwarzer Farbe trugen, und auch ihre Schilde waren schön, groß, gut und breit. Sie trugen indische Edelsteine, die herrlich an ihrer Kleidung wogten. Das Schiffchen ließen die kühnen und edlen Helden ohne Bewachung am Ufer zurück und ritten zur Burg.

Innerhalb der Mauern sahen sie sechsundachtzig Türme, drei weiträumige Paläste und eine herrliche Halle aus edlem grasgrünen Marmor, in der sich Brünhild mit ihrem Gefolge aufhielt. Das Burgtor wurde entriegelt und weit geöffnet, Brünhilds Lehnsmänner liefen ihnen entgegen und empfingen die Gäste im Reich ihrer Herrin. Man ließ die Rosse versorgen und die Schilde aufbewahren. Als jedoch ein Kämmerer bat: «Übergebt uns auch die Pferde und die glänzenden Rüstungen», da entgegnete Hagen von Tronege: «Nein, das tun wir nicht. Wir wollen sie selbst tragen.» Da wies ihn Siegfried auf die Gepflogenheiten in dieser Burg hin: «Ich muss Euch sagen, es ist hier üblich, dass die Gäste keine Waffen tragen. Lasst sie wegschaffen, das ist schon in Ordnung.» Widerwillig folgte Hagen, Gunthers Vasall.

Man schenkte den Gästen den Willkommenstrunk aus und sorgte für ihr Wohlbefinden. Überall am Hofe liefen tüchtige Ritter in fürstlicher Kleidung umher, doch besondere Neugier zogen die kühnen Fremden auf sich. Frau Brünhild wurde benachrichtigt, dass unbekannte Ritter in herrlicher Kleidung übers Meer gekommen wären. Deshalb fragte die schöne und edle junge Frau: «Lasst mich wissen, wer die unbekannten Ritter sind, die sich so prächtig ausgestattet in meiner Burg aufhalten, und wem zuliebe sie hergereist sind.» Da antwortete einer aus ihrer Dienerschaft: «Herrin, ich muss leider gestehen, dass ich keinen von ihnen jemals zuvor gesehen habe, allerdings ist einer unter ihnen, der Siegfried gleicht. Dem solltet Ihr einen schönen Empfang bereiten, das rate ich aufrichtig. Der zweite ist ebenfalls zu bewundern, und wenn er die Macht hätte – *wenn* er sie hätte –, dann wäre er wohl ein mächtiger König über große Fürstenreiche. Herrlich steht er neben dem anderen! Der dritte der Gefährten, erhabene Königin, sieht aufgrund seiner vielen bösen Blicke, die er um sich wirft, zornig aus. Ich denke, er grämt sich über etwas. Auch den jüngsten unter ihnen muss man rühmen. Wohlerzogen, sich gut benehmend, sieht dieser vornehme Ritter so reizvoll aus, und doch würden wir ihn wohl alle fürchten müssen, wenn ihm hier jemand schadete. Denn er mag sich noch so freundlich geben, mag noch so schön sein, wenn er zürnt, würde er wohl viele schöne Frauen zum Weinen bringen. In jeder Hinsicht ist er ein kühner und mutiger Krieger.» Da antwortete die Königin: «Bring mir meine Rüstung. Wenn der starke Siegfried hierher gekommen ist und um meine Liebe kämpfen möchte, dann kämpfen wir auf Leben und Tod. So sehr fürchte ich ihn nicht, dass ich ohne weiteres seine Frau würde.»

Die schöne Brünhild wurde sogleich festlich eingekleidet. Wohl hundert oder mehr hübsche und schön geschmückte junge Frauen begleiteten sie, um die Gäste zu sehen. Brünhilds Ritter gingen mit ihnen, etwa fünfhundert isländische, mit Schwertern bewaffnete Krieger. Darüber gerieten die Gäste in Sorge. Die kühnen und tüchtigen Ritter erhoben sich von ihren Sitzen. Als die Königin Siegfried erblickte, hört, was die junge Frau da sagte: «Seid willkommen, Siegfried, hier in diesem Land. Gerne wüsste ich, was Eure Reise bezwecken soll.» «Tausend Dank Frau Brünhild», erwiderte Siegfried, «aber ich würde gerne auf die Ehre verzichten, freundliche Prinzessin, vor diesem edlen Ritter begrüßt zu werden, der hier vor mir steht, denn dieser ist mein Herr. Er ist am Rhein geboren. Was soll ich dir noch mehr sagen? Dir zuliebe sind wir hergekommen, mein Herr begehrt deine Liebe, was immer ihm auch geschieht. Jetzt fälle rechtzeitig deine Entscheidung, denn er drängt darauf. Er heißt Gunther und ist ein großer König. Nach nichts sehnt er sich so sehr, wie nach deiner Liebe. Der schöne Ritter befahl mir in der Tat, an der Fahrt teilzunehmen, denn gerne hätte ich es ihm verweigert, wenn ich gekonnt hätte.» Sie entgegnete: «Wenn er dein Herr ist und du sein Lehnsmann, dann werde ich seine Frau, wenn er die Wettkämpfe, zu denen ich ihn auffordere, anzunehmen wagt und Sieger bleibt. Gewinne aber ich, dann müsst ihr alle sterben.» Da sprach Hagen von Tronege: «Herrin, zeigt uns Eure schweren Spiele. Bevor mein Herr Gunther Euch den Sieg einräumen dürfte, müsste es schon merkwürdig zugehen. Er ist sehr zuversichtlich, eine so schöne Jungfrau zu gewinnen.» «Einen Stein muss er schleudern», erwiderte die reizende Frau, «und danach springen sowie den Speer gegen mich werfen. Seid nicht voreilig und denkt daran, dass ihr hier Ehre und Leben verlieren könnt.»

Der kühne Siegfried trat zum König und bat ihn, der Königin gegenüber seine feste Absicht zu bekunden und nicht ängstlich zu sein: «Ich werde Euch mit meinen Listen gut vor ihr beschützen.» Daraufhin sagte Gunther: «Große Königin, nun fordert, was Ihr wollt, und wäre es mehr; wegen Eurer Schönheit würde ich alles auf mich nehmen. Mein Leben will ich verlieren, wenn Ihr nicht meine Frau werdet.» Als die Königin diese Worte vernahm, bat sie, ihrer Stellung gemäß, die Spiele eilig vorzubereiten.

Die junge Frau ließ sich ihre Rüstung holen, eine Brünne aus Rotgold und einen festen Schild. Sie legte ein Waffenhemd aus schöner libyscher Seide an, das noch nie eine Waffe zerschnitten hatte. An ihm glänzte ein licht gewirkter Gürtel. Währenddessen wurden die burgundischen Gäste übermütig gereizt, worüber Dankwart und Hagen wenig erfreut waren. Außerdem waren sie um den König besorgt und dachten: «Unsere Fahrt wird nicht gut für uns ausgehen.»

Inzwischen hatte sich, bevor es jemand bemerkte, der tapfere Mann Siegfried zu dem Schiff begeben, in dem er seine Tarnkappe verborgen hatte. Schnell schlüpfte er hinein, wurde unsichtbar, eilte zurück zu dem Platz, auf dem die Königin ihre Spiele durchführte, und fand dort schon viele Ritter vor. Aus Klugheit trat er heimlich hinzu, niemand der Anwesenden bemerkte ihn. Der Ring war abgesteckt, auf dem der Wettkampf vor mehr als siebenhundert kühnen Rittern als Zuschauern stattfinden sollte. Diese trugen Waffen und sollten den Sieger der Spiele benennen.

Als Brünhild eintraf, war sie bewaffnet, als ob sie um alle Reiche der Welt kämpfen wollte. Über ihrem Seidengewand trug sie viele goldene Spangen, und herrlich leuchtete ihre betörende Schönheit darunter hervor. Ihre Diener erschienen, die einen großen und breiten rotgoldenen Schild mit stahlharten Spangen trugen. In seinem Schutz wollte die bezaubernde Jungfrau die Wettkämpfe austragen. Der Tragriemen des Schildes war ein kostbares Band, mit grasgrünen Edelsteinen besetzt, die mit dem Gold um die Wette strahlten. Wer von dieser Dame geliebt werden wollte, musste schon sehr mutig sein. Der Schild selbst, den die junge Frau dann alleine tragen würde, war, wie man uns erzählt hat, unter den Buckeln gut drei Handspannen breit und mit Stahl und Gold reich beschlagen. Ihr Kämmerer und drei Ritter konnten ihn kaum fortbewegen. Als der starke Hagen, der Held von Tronege, sah, wie dieser Schild gebracht wurde, sprach er grimmig: «Wo sind wir bloß hingeraten, König Gunther? Auf welche merkwürdige Weise verlieren wir das Leben? Es ist ein Teufelsweib, deren Liebe Ihr begehrt!»

Hört weiter von der reichhaltigen Ausrüstung der Königin! Sie trug einen feinen und reich geschmückten Waffenrock aus Seide von Azagouc mit vielen herrlich leuchtenden Edelsteinen. Man brachte der Dame einen überdimensionalen, sehr scharfen Speer, mit dem sie immer zu werfen pflegte. Er war schwer, groß und stark, wuchtig und breit, und seine Kanten schnitten fürchterlich. Hört, wie unglaublich schwer dieser Speer war! Gut dreieinhalb Maß Metall waren bei ihm verarbeitet worden, drei Männer aus Brünhilds Gefolge konnten ihn kaum tragen. Der edle Gunther begann sich sehr zu sorgen und dachte bei sich: «Was soll jetzt werden? Wie könnte sich selbst der Teufel aus der Hölle vor dieser Frau retten? Wäre ich doch bloß in Burgund und führte dort mein Leben, dann könnte sie hier auf Isenstein für immer ohne meine Liebe sein.» Hagens Bruder, der kühne Dankwart, meinte: «Ich bereue die Fahrt an diesen Hof zutiefst. Bisher nannte man uns Helden. Was ist das aber für ein Tod, wenn uns hier die Frauen zugrunde richten! Ich bedaure sehr, in dieses Land gekommen zu sein. Hätten mein Bruder Hagen und ich unsere Waffen zur Hand, dann würden Brünhilds Männer ihren Hochmut schon dämpfen. Eines ist sicher: Sie sollten sich vorsehen! Ehe ich meinen lieben Herrn sterben sähe, müsste die schöne Jungfrau sterben, selbst wenn ich tausend Eide geleistet hätte, Frieden zu wahren.» «Als Gefangene werden wir dieses Land nicht verlassen», antwortete sein Bruder Hagen darauf, «hätten wir die Rüstung, die wir zum Kampf brauchten, und die guten Schwerter, dann würde der Übermut der starken Dame bestimmt besänftigt.» Die edle junge Frau hatte genau gehört, was Hagen gesagt hatte, und sah schmunzelnd über die Schulter: «Wenn er sich für so kühn hält, dann bringt ihnen ihre Rüstungen, und gebt den Helden ihre scharfen Waffen wieder in die Hand.» Als sie, wie die junge Königin befohlen hatte, ihre Schwerter zurückbekamen, wurde der kühne Dankwart rot vor Freude. «Nun können sie um die Wette kämpfen, so viel sie wollen», sagte der mutige Vasall, «Gunther bleibt unbesiegt, weil wir unsere Waffen wiederhaben.»

Brünhilds ungewöhnliche Stärke wurde noch einmal deutlich, als man einen schweren, überdimensionierten Felsbrocken zu ihr in den Ring trug, groß, gewaltig und rund. Zwölf kühne und tüchtige Männer konnten ihn kaum schleppen; er gehörte, wie der Speer, zu ihrem Training. Erneut wuchsen die Sorgen der Burgunder. «Verdammt», fluchte Hagen, «was hat der König für eine Geliebte! Weiß Gott, sie gehört in die Hölle als Braut des bösen Teufels.»

Brünhild schlug die Ärmel ihrer schneeweißen Arme auf, ergriff den Schild und riss den Speer hoch; der Wettkampf begann. Gunther und Siegfried fürchteten Brünhilds Groll, und wäre Siegfried dem König nicht zu Hilfe geeilt, dann hätte sie diesen getötet. Siegfried trat heimlich zu ihm und führte seine Hand. Gunther allerdings war über die List sehr verstört und fragte sich: «Was hat mich berührt?» Als er sich umblickte, sah er niemanden. Da sagte Siegfried: «Ich bin es, dein lieber Freund. Du brauchst vor der Königin keine Angst zu haben. Gib mir den Schild in die Hand und lass ihn mich tragen. Gib acht, was ich dir sage! Mache du die Bewegungen, ich werde dann die Taten ausführen.» Als Gunther Siegfried erkannte, freute er sich. «Verschweige meine Listen», fuhr Siegfried fort, «erzähle sie niemandem, denn nur so kann die Königin dir deinen Ruhm nicht streitig machen, was sie ja doch will. Schau nur, wie sorglos die Dame vor dir steht!»

Da schleuderte die herrliche Jungfrau den Speer kraftvoll auf einen neuen, großen und breiten Schild, den Sieglinds Sohn in den Händen hielt. Die Funken sprühten vom Stahl, als ob der Wind sie emporwirbeln würde. Die Schneide des mächtigen Speeres durchbrach den Schild, sodass selbst von Gunthers Rüstung noch die Funken stoben. Dieser Schuss brachte die beiden kräftigen Männer ins Straucheln, ohne die Tarnkappe wären sie tot gewesen. Dem kühnen Siegfried brach das Blut aus dem Mund; eilends sprang der tapfere Held jedoch vor, ergriff den Speer, den Brünhild durch seinen Schild geschossen hatte, und schleuderte ihn wieder zu ihr zurück. Er dachte: «Ich möchte die schöne junge Frau nicht durch den Schuss töten.» Deshalb drehte er den Speer zuvor um und schoss mit der stumpfen Speerstange so heftig auf ihre Rüstung, dass diese laut erdröhnte. Aus den Panzerringen stob das Feuer auf, als ob es der Wind triebe. Diesen Schuss hatte Siegmunds Sohn derart kräftig ausgeführt, dass Brünhild ihm nicht standhalten konnte. König Gunther hätte so etwas wahrlich niemals zuwege gebracht. Die schöne Brünhild, wie schnell sprang sie auf! «Gunther, edler Ritter, danke für den Schuss.» Sie glaubte, er hätte es selbstständig geschafft, doch ein weitaus stärkerer Mann hatte sie zu Fall gebracht.

Zornig eilte die edle junge Frau zum Stein und hob ihn hoch empor, warf ihn dann mit enormer Kraft sehr weit und sprang dem Wurf nach. Dabei erklang ihre ganze Rüstung. Der Stein war gut zwölf Klafter weit geflogen. Mit ihrem Sprung übertraf die hübsche junge Frau den Wurf noch. Herr Siegfried ging zu dem Stein; Gunther bewegte ihn zwar, aber Siegfried warf ihn. Dieser Held war mutig, kräftig und groß. Er warf den Stein weiter als Brünhild, und er sprang auch weiter. Durch seine schöne List besaß er genug Kräfte, beim Sprung auch noch den König Gunther zu tragen.

Der Sprung war erfolgt, der Stein lag da, und man sah niemand anderen als den Mann Gunther. Die schöne Brünhild wurde rot vor Zorn, Siegfried hatte Gunthers Tod in weite Ferne gerückt. Als Brünhild Gunther am gegenüberliegenden Ende des Ringes unverletzt sah, rief sie ihrem Gefolge laut zu: «Kommt schnell näher, meine Verwandten und meine Vasallen, denn ihr alle seid jetzt König Gunther untertan.» Da legten die kühnen Ritter die Waffen aus der Hand, und zahlreiche mutige Männer beugten vor dem mächtigen Gunther aus Burgund die Knie, denn sie glaubten, er hätte die Wettkämpfe aus eigener Kraft gewonnen. Er grüßte huldvoll. Ja, er besaß Tugenden! Da ergriff die herrliche junge Frau seine Hände und übergab ihm die Herrschaftsgewalt. Darüber freute sich der kühne und mutige Kämpfer Hagen. Dann bat Brünhild den edlen Ritter Gunther mit ihr in den großen, geräumigen Palas zu kommen, und als dies geschehen war, erwies man den Gästen die größten Aufmerksamkeiten. Dankwart und Hagen mussten es ohne Groll über sich ergehen lassen.

Der tapfere Siegfried war klug genug, seine Tarnkappe zu verstecken. Als er zu der Schar der Damen zurückkehrte, fragte er den König sehr schlau: «Warum wartet Ihr, mein Herr? Wann beginnt Ihr mit den vielen Wettkämpfen, zu denen Euch die Königin herausgefordert hat? Lasst uns doch rasch die Spielregeln prüfen.» Der Listige verhielt sich so, als ob er es nicht wüsste. Da fragte die Königin: «Wie ist das möglich, Herr Siegfried, dass Ihr die Wettkämpfe, die Gunther gewonnen hat, nicht gesehen habt?» Gunthers Vasall Hagen aus Burgund antwortete ihr und sagte: «Herrin, das tut uns leid. Als der Vogt vom Rhein die Wettkämpfe gewann, war der edle Held Siegfried beim Schiff, deshalb weiß er es nicht.» «Welch freudige Nachricht für mich», sprach der Held Siegfried, «dass Euer Stolz gefällt wurde und jemand lebt, der Euch beherrschen kann. Nun müsst Ihr wohl, edle Jungfrau, uns an den Rhein folgen.» Da antwortete die anmutige Königin: «Das geht nicht, bevor es nicht die Verwandten und Vasallen vernommen haben. So einfach kann ich meine Länder nicht verlassen. Es muss nach meinen vornehmsten Vertrauten geschickt werden.»

Überallhin ließ sie Boten reiten, denen sie schöne, kostbare Gewänder schenkte, und schickte nach ihren Freunden,

Verwandten und Lehnsmännern. Sie bat sie, unverzüglich nach Isenstein zu kommen. Scharenweise ritten diese nun täglich von früh bis spät zu Brünhilds Burg hin. «Herrje», fluchte Hagen, «worauf haben wir uns eingelassen! Es ist unser Untergang, wenn wir hier die Leute der schönen Brünhild erwarten. Wenn die mit der Menge ihrer Krieger herkommen, dann könnte uns die schöne Jungfrau in große Schwierigkeiten bringen. Wir kennen doch die Pläne der Königin gar nicht, was wäre, wenn sie uns zürnt und auf unseren Untergang sinnt?» Da antwortete der starke Siegfried: «Das werde ich verhindern. Wovor ihr Angst habt, das wird nicht eintreten. Ich werde euch Hilfe von hervorragenden Kriegern, die ihr noch nie gesehen habt, ins Land holen. Fragt nicht nach mir, ich werde wegfahren. Gott möge in der Zwischenzeit eure Ehre beschützen. Ich komme bald zurück und bringe euch tausend der allerbesten Krieger, die ich überhaupt kenne.» «Dann bleibt nicht zu lange fort», bat der König, «wir freuen uns sehr über Eure Hilfe.» Siegfried erwiderte: «Ich komme in wenigen Tagen zurück. Sagt Brünhild, dass Ihr mich fortgeschickt habt.»

8. AVENTÜRE
SIEGFRIEDS FAHRT INS NIBELUNGENLAND

In seiner Tarnkappe machte Siegfried sich zum Hafen am Ufer auf. Dort fand er ein Schiff, das er heimlich bestieg. Eilig, wie vom Wind angetrieben, ruderte er los. Den Steuermann sah niemand, durch Siegfrieds große Kraft flog das Schiffchen auf den Wellen dahin. Die Leute glaubten, ein besonders starker Wind triebe es an, aber nein, Siegfried steuerte es, der schönen Sieglind Kind. An diesem Tag und in der folgenden Nacht erreichte er unter größter Anstrengung nach gut hundert oder mehr Langen Meilen ein Land, das «zen Nibelungen», bei den Nibelungen, hieß, in dem er den großen Hort besaß. Alleine und frohgemut fuhr der ritterliche Held auf einen breiten Werder, machte dort sein Schiff fest und ging, um eine Herberge zu suchen, zu einem Berg, auf dem eine Burg stand, wie es die, die von einer Reise erschöpft sind, zu tun pflegen. Das Burgtor fand er verschlossen, denn die Insassen achteten auf ihren guten Ruf; so tun es ja die Leute bis heute. Der fremde Mann klopfte an das Tor, das gut bewacht war. Drinnen bemerkte er einen Wächter, einen Riesen, der stets seine Waffen griffbereit neben sich liegen hatte und der nun fragte: «Wer ist es, der so heftig ans Tor klopft?» Da verstellte Herr Siegfried seine Stimme und sagte: «Ich bin ein Recke, öffne das Tor! Ich versetze heute noch manchen in Wut, der gerne bequem auf seinem Lager läge.»

Was Siegfried da sagte, ärgerte den Pförtner, und der starke, mutige Riese legte seine Waffen an, setzte den Helm auf sein Haupt, riss den Schild hoch und stieß das Tor auf. Oh, wie grimmig stürmte er auf Siegfried zu! Wie habe er es wagen können, so viele kühne Männer zu wecken? Schnelle Schläge teilte er aus. Der herrliche Fremde schirmte sich jedoch mit seinem Schild. Mit einer Eisenstange zerbrach der Pförtner dessen Spangen. Das brachte Siegfried in Not, und als der Wächter so kraftvoll auf ihn einschlug, begann er den Tod zu fürchten. Herr Siegfried war seinem Wächter deshalb allerdings sehr zugetan. Sie kämpften so heftig, dass der Lärm die Burg erfüllte. Es dröhnte in Nibelungs Halle. Siegfried bezwang den Pförtner und band ihn. Diese Geschichte flog über das ganze Nibelungenland.

Tief im Berg hörte der kühne Alberich, ein unheimlicher Zwerg, den erbitterten Kampf. Rasch bewaffnete er sich und eilte zu dem edlen Fremden, als dieser den Riesen gefesselt hatte. Alberich war sehr erbost. Er war äußerst stark, hatte Helm und Rüstung angelegt und hielt eine schwere goldene Geißel in seiner Hand. In schnellem Lauf rannte er auf Siegfried zu. Mit der Geißel, an der sieben schwere Metallkugeln hingen, schlug er so heftig auf den Schild, den Siegfried vor sich hielt, dass viele Stücke herausbrachen. Da geriet der schöne Fremde erneut in Lebensgefahr. Er warf den zerbrochenen Schild fort und stieß sein langes Schwert in die Scheide, denn er, zu ritterlicher Tugend erzogen, wollte seinen Kämmerer nicht totschlagen. Mit seinen starken Armen lief er auf Alberich zu, packte den alten grauen Mann am Bart und zog so ungestüm daran, dass der Kühne laut aufschrie. Die Erziehung des jungen Helden tat ihm weh, laut rief er: «Lasst mich leben!», und listig fügte er hinzu: «Wenn ich nicht schon der Eigenmann eines Recken wäre – ihm schwor ich den Untertaneneid –, dann diente ich Euch lieber, als zu sterben.»

Wie zuvor den Riesen, so fesselte Siegfried auch Alberich. Das war für diesen sehr schmerzhaft; er fragte: «Wie nennt man Euch denn?» «Ich heiße Siegfried», lautete die Antwort, «ich dachte, ich wäre Euch gut bekannt.» «Das höre ich gern», antwortete Zwerg Alberich, «denn nun habe ich die Heldentaten kennengelernt, die Euch zu einem wahren Landesherrn machen. Ich tue alles, was Ihr gebietet, damit Ihr mich am Leben lasst.» Herr Siegfried entgegnete: «Eilt und bringt mir die besten Kämpfer herbei, die wir besitzen, tausend Nibelungen will ich hier sehen.» Er sagte nicht, weshalb er dies verlangte.

Dem Riesen und Alberich löste er die Fesseln, Alberich eilte zu den Kämpfern und weckte voller Sorgen die Männer der Nibelungen; er rief: «Auf geht's, ihr Helden, kommt zu Siegfried!» Bereitwillig sprangen sie aus den Betten; tausend tapfere Ritter wurden gut ausgestattet und begaben sich zu Siegfried. Mit Worten und auch mit Gesten tauschte man den Friedensgruß, und viele Kerzen wurden entzündet. Siegfried schenkte man Rotwein als Begrüßungstrunk ein, und dieser bedankte sich bei allen, weil sie so schnell gekommen waren; er sagte: «Ihr müsst das Land verlassen und mit mir übers Meer.» Die kühnen und tapferen Helden waren dazu bereit. Dreitausend Krieger waren herbeigeeilt, aus denen jetzt tausend der besten ausgewählt wurden, denen man Helm und Rüstung brachte, denn er wollte sie in Brünhilds Reich führen. Er hielt eine kurze Ansprache: «Ihr edlen Ritter, dies will ich Euch sagen: Ihr sollt kostbare Kleider mitnehmen, wie man sie am Hof trägt, denn viele reizende Frauen werden uns dort sehen. Deshalb sollt ihr euch mit guten Gewändern schmücken.»

Frühmorgens brachen sie auf. Welche tapferen Kameraden hatte Siegfried da gewonnen! Sie besaßen gute Rosse und herrliche Ausrüstungen, ritterlich erreichten sie das Land Brünhilds. Dort standen entzückende junge Frauen an den Zinnen. Die Königin fragte: «Kennt die jemand, die ich dort weit draußen auf der See fahren sehe? Sie haben prachtvolle Segel, weißer als Schnee.» Der König antwortete: «Dies sind meine Männer, ich hatte sie bei der Herfahrt hier in der Nähe zurückgelassen. Herrin, sie kommen nun, weil ich sie habe holen lassen.» Man widmete sich den vornehmen Gästen mit großer Aufmerksamkeit.

Zusammen mit vielen anderen Männern stand Siegfried vorn im Schiff in prächtiger Kleidung. Da erkundigte sich die Königin: «Herr König, sagt mir, soll ich die Gäste schön empfangen oder ihnen den Gruß verweigern?» Gunther antwortete: «Geht ihnen vor dem Palas entgegen, damit sie erkennen, dass wir sie gerne bei uns sehen.» Die Königin folgte diesem Rat und hob mit ihrem Gruß Siegfried vor den anderen hervor. Man beherbergte die Gäste und bewahrte ihre Rüstungen auf. So viele Fremde waren jetzt nach Isenstein gekommen, dass sie sich in Scharen drängten.

Die kühnen Burgunder wollten nun in ihre Heimat zurückkehren. Da verkündete die Königin: «Ich würde den zu schätzen wissen, der mein Silber und mein Gold, wovon ich reichlich besitze, unter meine und des Königs Gäste verteilen würde.» Daraufhin antwortete König Gunthers Vasall Dankwart: «Edle Königin, vertraut mir die Schlüssel an, denn ich kann es gerecht aufteilen; für Fehler trage ich dann allein die Verantwortung.» Wie großzügig Hagens Bruder war, stellte er voll unter Beweis, denn als er die Schlüssel an sich genommen hatte, verschenkte er viele reiche Gaben. Jedem Armen, der nur eine Mark begehrte, wurde so viel gegeben, dass er in Freuden leben konnte. Unzählige Pfunde verschenkte er, zahlreiche Leute, die nie zuvor so herrliche Kleider getragen hatten, verließen prächtig ausstaffiert die Halle. Als die Königin davon erfuhr, ärgerte sie das, und sie sagte: «Herr König, es gefällt mir nicht, dass mir Euer Kämmerer nichts von meinen Gewändern übrig lassen will und auch mein ganzes Gold verschwenderisch austeilt. Ich wäre dankbar, wenn es verhindert werden könnte. Er schenkt so reichlich, ja glaubt er denn, ich hätte schon nach dem Tod gerufen! Ich will das Erbe meines Vaters noch länger selbst besitzen und kann es wohl auch selbst aufbrauchen.» Noch nie hatte eine Königin einen so großzügigen Kämmerer besessen, doch Hagen erwiderte: «Herrin, lasst Euch sagen, der König vom Rhein hat so viel Gold und Kleider zu verschenken, dass wir darauf verzichten können, irgendetwas von Euren Gewändern mitzunehmen.» «Nein», entgegnete die Königin, «lasst mir zuliebe zwanzig Truhen mit Gold und Seide füllen, die ich als Beweis meiner Ehre in Gunthers Reich verschenken kann, wenn wir dort drüben ankommen.» Sie beauftragte ihre eigenen Kämmerer, die Schreine mit Edelsteinen zu füllen, denn Gunthers Vasall wollte sie dies nicht anvertrauen. Gunther und Hagen lachten darüber.

Die Königin fragte: «Wem überlasse ich meine Länder? Wir beide müssen vor der Abreise einen Statthalter bestellen.» Der edle König antwortete: «Holt jemanden her, der Euch dazu geeignet scheint, den werden wir als Vogt einsetzen.» In ihrer unmittelbaren Umgebung befand sich einer der höchsten Verwandten der Königin, der Bruder ihrer Mutter, zu dem sprach die junge Frau: «Während der Herrschaft König Gunthers vertraue ich Euch meine Burgen und Länder an.» Danach wählte sie aus ihrer Dienerschaft zweitausend Lehnsmänner aus, die sie gemeinsam mit jenen tausend Rittern aus Nibelungs Land nach Burgund begleiten sollten. Diese machten sich für die Fahrt zurecht und ritten zum Strand hinunter.

Brünhild ließ sich außerdem von sechsundachtzig älteren und etwa hundert jüngeren Frauen, alle von großer Schönheit, begleiten. Sie zögerten nun nicht mehr länger und wollten aufbrechen. Ach, wie weinten die, die sie in der Heimat zurückließen! Höflich und der feinen Sitte gehorchend, verließ sie ihr eigenes Reich und küsste zum Abschied ihre nahen Verwandten, die sich eingefunden hatten. Nach einem freundlichen Abschied gelangte sie auf die See; in ihr Vaterland kehrte die Königin nie mehr zurück.

Während der Fahrt trugen Spiele und Musik zur vielseitigen geselligen Unterhaltung bei. Ein frischer Wind begünstigte die Reise, und freudig verließen sie das Land. Unterwegs wollte Brünhild nicht das Beilager mit Herrn Gunther teilen. Dies wurde für ihre Gemächer auf der Burg zu Worms an einem Fest aufgeschoben. Dort, in Worms, trafen sie mit ihren Kriegern nach einiger Zeit fröhlich ein.

9. AVENTÜRE
SIEGFRIEDS BOTSCHAFT

Zuvor jedoch, nachdem sie neun Tage unterwegs gewesen waren, sprach Hagen von Tronege zu König Gunther: «Hört, was ich Euch zu sagen habe! Wir verspäten uns mit den Nachrichten nach Worms an den Rhein, Eure Boten sollten schon jetzt in Burgund sein.» Da antwortete Gunther: «Da habt Ihr recht. Niemand wäre für diese Aufgabe so geeignet wie Ihr, Freund Hagen. Reitet also in mein Land, niemand kann meinen Leuten von der Brautfahrt besser berichten als Ihr.» Doch Hagen entgegnete: «Ich bin kein guter Bote. Lasst mich auf See bleiben und die Kammern bewachen. Ich werde die Gewänder der Frauen behüten, bis wir sie sicher ins Land der Burgunder gebracht haben. Bittet doch Siegfried, die Botschaft auszuführen, denn er ist wegen seiner Tapferkeit bestens dazu geeignet. Wenn er die Reise ablehnt, dann könnt Ihr ihn höflich und freundschaftlich darum bitten, den Auftrag Eurer Schwester zuliebe anzunehmen.»

Der König ließ Siegfried holen, der auch kam, und sagte: «Jetzt, da wir uns meiner Heimat nähern, sollte ich meiner lieben Schwester und meiner Mutter Boten senden, dass wir dem Rhein nahe sind. Siegfried, darum bitte ich Euch; erfüllt meinen Wunsch. Ich werde für alle Zeiten in Eurer Schuld stehen.» So argumentierte der edle Ritter, doch der mutige Mann Siegfried widersprach so lange, bis Gunther eindringlich mit folgenden Worten bat: «Reitet mir und der schönen Kriemhild zuliebe, damit auch diese herrliche junge Frau diesen Dienst zusammen mit mir belohnen kann.» Als Siegfried dieses vernahm, stimmte er sofort zu und sagte: «Befehlt, was Ihr wollt, nichts wird verschwiegen. Der schönen jungen Frau zuliebe werde ich den Auftrag gerne annehmen. Warum sollte ich der, die mein Herz ausfüllt, etwas abschlagen? Was Ihr in ihrem Namen gebietet, wird alles vollbracht.» «So übermittelt», antwortete Gunther, «meiner Mutter, Königin Ute, dass unsere Reise in bester Stimmung verläuft, und meinen Brüdern, wie erfolgreich wir waren. Berichtet dies auch unseren übrigen Vertrauten. Versichert meiner schönen Schwester, der Dienerschaft und den Vasallen meine und Brünhilds Verehrung, ich hätte glücklich vollendet, wonach ich mich schon immer sehnte. Sagt meinem lieben Neffen Ortwin, er möge in Worms am Rhein Unterkünfte herrichten lassen. Allen meinen Verwandten soll kundgetan werden, dass ich mit Brünhild ein großes Hochzeitsfest feiern möchte. Sagt schließlich meiner Schwester, dass sie, sobald sie von der Ankunft meiner Gäste erfahren hat, meiner Liebsten einen sorgfältig arrangierten Empfang bereiten soll. Ich werde für alle Zeiten in Kriemhilds Schuld stehen.»

Herr Siegfried nahm, wie sich das gehörte, unverzüglich Abschied von Frau Brünhild und ihrer ganzen Begleitung und ritt an den Rhein. Die Welt kennt keinen besseren Boten. Er ritt mit vierundzwanzig Rittern in Worms ein. Als sich herumsprach, dass er ohne den König kam, war der ganze Hof bestürzt und fürchtete, der Herr hätte auf Island den Tod gefunden. In bester Laune saß Gunthers Abordnung von den Rossen ab. Der junge edle König Giselher eilte mit seinem Bruder Gernot herbei und fragte, als er König Gunther nicht bei Siegfried sah: «Seid willkommen, Siegfried, lasst mich wissen, wo Ihr den König, meinen Bruder, gelassen habt. Hat ihn uns etwa Brünhilds Kraft geraubt? Dann hätte uns seine hohe Minne großen Schaden gebracht.» «Vergesst die Angst», erwiderte Siegfried, «mein Gefährte entbietet Euch und seinen übrigen Verwandten seine Grüße; ich ließ ihn gesund zurück. Er hat mich als

Bote zu Euch geschickt, damit Ihr die neuesten Nachrichten erfahrt. Sorgt bitte dafür, dass es sich einrichten lässt, die Königin und Eure Schwester zu sehen, denn ihnen soll ich berichten, was ihnen Gunther und Brünhild zu melden haben; beiden geht es ausgezeichnet.» Da antwortete der junge Giselher: «Geht zu ihr, denn darüber wird sich meine Schwester sehr freuen. Auch sie sorgt sich sehr um meinen Bruder, und Ihr könnt sicher sein, dass sie Euch gerne sieht.» Herr Siegfried erwiderte: «Jeden Dienst, den ich ihr leisten kann, will ich bereitwillig und zuverlässig ausführen. Wer meldet nun den Damen, dass ich zu ihnen komme?» Da wurde der tüchtige Mann Giselher zum Boten.

Als der tapfere Giselher seine Mutter und seine Schwester traf, sagte er: «Siegfried, der Held aus den Niederlanden, ist zu uns gekommen, mein Bruder Gunther hat ihn her zum Rhein gesandt. Er bringt uns Nachrichten vom König, erlaubt ihm, vor euch zu erscheinen, denn er weiß genau, was in Island geschah.» Die beiden edlen Damen machten sich immer noch große Sorgen, jetzt sprangen sie auf, legten andere Kleider an und ließen Siegfried bitten, zu ihnen zu kommen. Dies tat er bereitwillig, denn er sah sie gerne. Die edle Kriemhild empfing ihn freundlich mit diesen Worten: «Herr Siegfried, ruhmreicher Ritter, seid willkommen. Wo ist mein Bruder Gunther, der edle, mächtige König? Wir haben ihn doch nicht etwa durch Brünhilds Kräfte verloren? Ach, ich arme Frau, dass ich jemals geboren wurde!» Der kühne Ritter entgegnete: «Gebt mir Botenlohn! Ihr schönen Damen, ihr weint ohne Not; ich melde euch, dass ich Gunther gesund verlassen habe und euch beiden als Botschafter gesandt wurde. Hochedle Königin, in verwandtschaftlicher Zuneigung entbietet er euch, zusammen mit seiner Liebsten, die besten Grüße. Weint nicht mehr, sie werden bald zurückkommen.»

Kriemhild hatte seit langem keine so freudige Nachricht

vernommen. Mit dem schneeweißen Saum ihres Kleides wischte sie sich die Tränen aus ihren hübschen Augen und danke dem Boten für die Nachrichten, die sie erhalten hatte. Ihre große Trauer und ihre Tränen waren zu Ende. Sie bat den Boten, sich zu setzen, was er auch bereitwillig tat. Die Bezaubernde sagte: «Ich würde Euch liebend gerne mein Gold als Botenlohn anbieten, doch Ihr seid zu reich dazu, und deshalb werde ich Euch immer gewogen sein.» «Selbst wenn ich alleine dreißig Länder besäße», antwortete er, «so würde ich doch bereitwillig aus Eurer Hand eine Gabe in Empfang nehmen.» Die Tugendreiche erwiderte: «Dann sei es so.» Sie wies den Kämmerer an, den Botenlohn zu holen, und schenkte Siegfried vierundzwanzig mit Edelsteinen besetzte Armreife. Der Held hatte jedoch nicht die Absicht, sie zu behalten, und schenkte sie sogleich weiter an Kriemhilds nächste Dienerschaft, die sich in der Kemenate befand.

Auch die Mutter dankte ihm herzlich. «Ich muss Euch noch berichten», sprach Siegfried weiter, «worum Gunther Euch bittet, wenn er an den Rhein kommt. Befolgt Ihr das, Herrin, dann wird er Euch immer geneigt bleiben. Er äußerte den Wunsch, dass Ihr seinen hohen Gästen einen schönen Empfang bereitet und sie dadurch ehrt, dass Ihr ihnen vor der Stadt auf dem Strand entgegenreitet. Der König bittet Euch aufrichtig darum.» Darauf antwortete die bezaubernde Kriemhild: «Dazu bin ich gerne bereit, ich tue für ihn in schwesterlicher Verbundenheit, was ich kann.» Sie errötete vor Freude. Niemals war der Bote eines Fürsten besser empfangen worden, und hätte die Dame sich getraut, ihn zu küssen, sie hätte es getan. Ach, wie liebenswürdig verabschiedete er sich von ihr!

Die Burgunder folgten Siegfrieds Anweisungen. Sindold, Hunold und der Held Rumold gerieten unter großen Druck, denn sie mussten die Unterkünfte am Rheinufer errichten. Die königlichen Aufseher hatten viel Arbeit. Ortwin und Gere luden Freunde und Verwandte von überallher ein und kündigten ihnen das geplante Hochzeitsfest an. Dafür schmückten sich auch viele schöne junge Damen. Für die Gäste wurden der Palas und die Wände der anderen Gebäude geschmückt. In Gunthers Halle wurden wegen der vielen fremden Gäste Bänke aufgestellt.

Das große Fest begann sehr heiter. Überall auf den Wegen des Reiches ritten die Verwandten der drei Könige, ausgeschickt, um sich um die ankommenden Gäste zu kümmern. Viele prächtige Gewänder wurden aus den Truhen geholt. Als die Nachricht eintraf, man sähe Brünhilds Freunde heranreiten, entstand Unruhe in Burgund wegen der großen Anzahl der Krieger. Oh, wie viele kühne Ritter man auf beiden Seiten sah! Die schöne Kriemhild riet ihrem Gesinde: «Meine jungen Damen, wer mit mir zum Empfang gehen möchte, muss die besten Kleider aus den Truhen holen, damit uns die Gäste Lob und Anerkennung schenken.» Auch die Ritter kamen und ließen herrliche rotgoldene Sättel herbeibringen, auf denen die Damen an das Rheinufer reiten sollten. Besseres Pferdegeschirr gab es sonst nirgendwo. Oh, wie das helle Gold an den Pferden glänzte! Viele Edelsteine leuchteten von ihrem Zaumzeug. Den fröhlichen Frauen brachte man goldene Fußbänkchen auf seidenen Stoffen.

Wie schon gesagt, auf dem Hof standen für die jungen Edeldamen die Frauenpferde bereit, die schmale Brustriemen aus allerbester Seide trugen. Sechsundachtzig Ehefrauen, ausgezeichnet durch ihr Gebände, traten anmutig in leuchtenden Kleidern zu Kriemhild, außerdem gesellten sich vierundfünfzig schön geschmückte hübsche junge Burgunderinnen zu ihr, die höchstgeborenen des Landes. Ihre blonden Haare waren mit leuchtenden Bändern durchzogen. Alles, was der König begehrte, wurde eifrigst in die

Wege geleitet, denn für die fremden Ritter trugen die Damen edle Gewänder aus feinster Seide, die allerbeste, die es gab, und die ihre große Schönheit erst so recht zur Geltung brachte. Niemand mit Verstand konnte auch nur über eine von ihnen aufgebracht sein. Man sah auch viele Kleider aus Zobel und Hermelin, und viele Arme und Hände wurden über der Seide mit Ringen geschmückt. Keiner könnte euch das eifrige Treiben der Frauen vollständig beschreiben. Viele fein gearbeitete, kostbare und lange Gürtel schlangen geschickte Hände über helle Kleider und edle Röcke aus arabischem Tuch und Ferrandin, einem leichten Stoff aus Seide und Wolle. Die jungen Edeldamen waren in freudiger Erwartung. Viele der Schönen wurden reizvoll in Brustschließen eingeschnürt, mochten sie auch bedauern, dass ihre strahlend helle Haut sich nun nicht mehr von der Kleidung abhob. Kein Königshaus besitzt heutzutage ein so schönes Gefolge. Als die bezaubernden Damen ihre Kleidung angelegt hatten, erschien, um sie zu geleiten, sogleich eine große Schar frohgemuter Ritter mit Schilden und Speeren aus Eschenholz.

10. AVENTÜRE

DIE EHEN

Auf der gegenüberliegenden Rheinseite näherte sich der König mit den vielen Gruppierungen seiner Gäste dem Ufer. Man sah dort viele junge Frauen zu Pferde, von Rittern geführt. Alle waren zum Empfang bereit. Als die Männer aus Island und die Nibelungen Siegfrieds mit ihren Schiffen angelegt hatten, ruderten sie schnell ans andere Ufer zu den Verwandten und Freunden des Königs.

Hört nun, wie die mächtige Königin Ute die jungen Damen zu Pferd von der Burg herabführte! Viele Ritter und junge Frauen lernten sich dabei kennen. Herzog Gere führte Kriemhilds Pferd nur bis vor das Burgtor, von da an musste der tapfere Siegfried der schönen Tochter dienen. Später schenkte ihm die junge Dame dafür reichen Lohn. Der kühne Ortwin ritt neben Frau Ute, ihnen folgten Ritter und Damen in geselliger Unterhaltung. Wir dürfen wohl sagen, dass bei keinem Empfang bisher jemals so viele Frauen aufgeboten wurden. Wie bei einem solchen Ereignis üblich, führten Helden, die das beherrschten, allerlei kunstfertige Ritterspiele auf, als die schöne Kriemhild zu den Boten ging. Dann hob man die zahlreichen hübschen Damen von den Pferden herab.

Inzwischen hatte der König mit vielen hohen Gästen übergesetzt. Oh, wie viele starke Speere vor den Damen zerbrachen! Man hörte, wie unzählige Schilde aufeinander prallten. Ach, wie viele reich geschmückte Schildbuckel im Gedränge erdröhnten! Die bezaubernden Damen standen am Hafen, als Gunther mit seinen Gästen das Schiff verließ und dabei Brünhild selbst an der Hand führte. Viele leuchtende Steine und Gewänder strahlten da um die Wette. Mit ausgesuchter Höflichkeit ging Frau Kriemhild auf Frau Brünhild zu, um sie und ihre Begleitung zu begrüßen. Mit ihren feinen weißen Händen rückten beide ihren jungfräulichen Kopfputz beiseite, als sie sich, wie es die Sitte verlangte, küssten. Mit feinem Anstand sagte die junge Kriemhild: «Seid uns in diesen Ländern willkommen, mir, meiner Mutter und allen unseren guten Freunden.» Brünhild verneigte sich, und die Frauen umarmten sich immer wieder. Noch nie gab es einen so herzlichen Empfang, wie ihn die beiden Damen, Ute und ihre Tochter, der Braut bereiteten. Oft küssten sie ihren lieblichen Mund.

Als all die hübschen Frauen Brünhilds an Land gegangen waren, wurden sie von tüchtigen Rittern freundlich an die Hand genommen. Sie gesellten sich zu ihrer Herrin, und es dauerte lange, bis die Begrüßung zu Ende war, denn viele rosenrote Lippen wurden geküsst. Noch standen die beiden mächtigen Königstöchter beieinander, und dieser Anblick gefiel den vielen ruhmreichen Rittern. Wer vorher gehört hatte, es gäbe nichts Schöneres als diese beiden Damen, der schaute jetzt genau hin und fand, dass dies keine Lüge war. Auch sah man, dass der Attraktivität ihrer Körper nicht nachgeholfen worden war. Wer etwas von Frauen und ihrer bezaubernden Gestalt verstand, der lobte aufgrund ihrer Schönheit Gunthers Frau, die erfahrenen Älteren jedoch, die es besser beurteilen konnten, meinten, man müsste doch wohl Kriemhild gegenüber Brünhild bevorzugen.

Jüngere und ältere Frauen gingen aufeinander zu, und alle waren schön geschmückt. Die Ebene vor der Stadt Worms war mit seidenen Hütten und prachtvollen Zelten überfüllt. Die königliche Verwandtschaft drängelte sich gesellig, und man bat Brünhild und Kriemhild, mit den Damen den Schatten aufzusuchen. Die burgundischen Krieger geleiteten sie. Währenddessen waren die Gäste aufgesessen, und nun wurden eifrige Zweikämpfe mit scharfen Waffen, sogenannte Tjoste, gefochten. Staub wirbelte über der Ebene auf, als ob sie in Flammen stünde. Da lernte man Helden kennen! Viele Frauen schauten zu, was die Kämpfer taten, und mir scheint, Herr Siegfried sei mit seinen Rittern wieder und wieder vor den seidenen Zelten vorbeigeritten. Er führte die tausend tapferen Nibelungenkrieger an.

Bald erschien Hagen von Tronege im Auftrag des Königs und trennte friedlich die Ritterspiele, damit die schönen Frauen nicht staubig würden. Die Gäste folgten bereitwillig. Da sagte Herr Gernot: «Lasst die Rosse stehen, bis es kühler wird, dann beginnen wir mit dem Frauendienst vor dem großen Palas. Seid bereit, wenn der König aufbricht!» Als nun die Ritterspiele auf der Ebene beendet waren, begaben sich die Ritter, in der Hoffnung auf eine fröhliche, gesellige Unterhaltung, zu den Damen in die Zelte und vertrieben sich so die Zeit bis zum Aufbruch. Als der Abend nahte, die Sonne unterging und es kühler wurde, zögerte man nicht länger und zog zur Burg. Zahllose schöne Frauen wurden dabei mit den Augen liebkost, und nach Landessitte zerfetzten, bis der König vor dem Palas absaß, die frohgemuten tapferen Ritter die Kleider, dann wurde, wie dies edel gesinnte Ritter tun, den Damen gedient.

Die beiden mächtigen Königinnen trennten sich. Frau Ute und ihre Tochter gingen mit ihrer Dienerschaft in einen geräumigen Saal, und überall hörte man lauten, fröhlichen Lärm. Tische und Bänke wurden aufgebaut, der König wollte mit seinen Gästen das Begrüßungsmahl einnehmen. Bei ihm stand die schöne Brünhild, die als Zeichen ihrer Macht im Land Gunthers eine Krone aufgesetzt hatte. Auf vielen Ehrenplätzen servierte man, wie uns erzählt wurde, eine Fülle von Speisen auf großen und breiten Tafeln, nichts fehlte von dem, was man benötigte. Beim König saßen zahlreiche hochrangige Gäste, seine Kämmerer trugen das Wasser in rotgoldenen Becken herbei. Es wäre unnötig, wenn euch jemand erzählen wollte, dass die Bewirtung auf irgendeinem fürstlichen Fest besser gewesen wäre, denn ich würde es nicht glauben.

Bevor der Vogt vom Rhein zum Wasser gegriffen hatte, schien es Herrn Siegfried angebracht, ihn an seinen Eid zu erinnern, den er ihm gegeben hatte, ehe er Brünhild in ihrer Heimat Island begegnet war. Er sagte: «Erinnert Euch an Euren Schwur! Wenn Frau Brünhild in dieses Reich käme, würdet Ihr mir Eure Schwester geben. Wo sind die Eide geblieben? Auf Eurer Reise habe ich große Mühen auf mich genommen.» Der König antwortete seinem Gast: «Ihr ermahnt mich zu Recht. Weiß Gott, ich werde nicht meineidig werden und es einrichten, so gut ich kann.» Da bat man Kriemhild, vor dem König zu erscheinen. Als sie mit ihren schönen Dienerinnen vor den Saal trat, sprang Giselher eine Stiege hinab und rief: «Diese Frauen mögen wieder umkehren, meine Schwester soll alleine zum König kommen.» So führte man Kriemhild zum König. In der großen Halle befanden sich edle Ritter aus vieler Fürsten Länder, und man bat um Ruhe. Unterdessen war Frau Brünhild ganz nahe an den Tisch herangegangen.

Da sprach König Gunther: «Liebste Schwester, es steht in deiner Macht, meinen Eid zu lösen, den ich einem Ritter schwor. Würde dieser dein Mann, dann hast du meinen Willen treu erfüllt.» Die edle junge Frau antwortete: «Liebster Bruder, Ihr müsst mich nicht eindringlich bitten, denn, weiß Gott, ich werde immer das tun, was Ihr mir gebietet. Gerne werde ich den zum Mann nehmen, den Ihr, Herr, mir zum Mann gebt.» Ihre verliebten Blicke ließen Siegfried erröten, und er bezeugte Frau Kriemhild seine Ergebenheit. Man forderte beide auf, in den Ring zu treten, und fragte Kriemhild, ob sie den mutigen Mann haben wolle. Nach jungfräulichem Brauch schämte sie sich etwas, Siegfrieds Glück und seine Aura bewirkten jedoch, dass sie ihn nicht zurückweisen wollte. Auch der edle König aus den Niederlanden gelobte, sie zur Frau zu nehmen. Nach diesem Eheversprechen erlaubte die bezaubernde junge Frau Siegfried gerne, sie liebevoll zu umarmen, und daraufhin empfing die schöne Königin vor den Zeugen den Kuss. Der Ring löste sich auf, und nachdem dies geschehen war, setzten sich Siegfried und Kriemhild dem König gegenüber. Die Nibelungen folgten ihm und leisteten ihm den Lehnsdienst.

Der König und die jungfräuliche Brünhild hatten Platz genommen, und Brünhild sah Kriemhild neben Siegfried sitzen. Noch nie hatte sie etwas derart geschmerzt, und sie begann zu weinen. Viele heiße Tränen rannen ihre hellen Wangen hinab. Da fragte der Herr der Burg: «Was fehlt

Euch, meine Herrin, dass Ihr Eure strahlenden Augen so trüb werden lasst? Ihr solltet Euch freuen, denn Euch sind mein Land und meine Burgen mit zahlreichen tüchtigen Vasallen untertan.» «Ich habe gute Gründe, sehr zu weinen, denn Eure Schwester tut mir von Herzen leid. Die sehe ich bei einem deiner Unfreien sitzen, einem Eigenholden. Wenn ihre Ehre auf diese Weise zerstört wird, so muss ich darüber doch heftig weinen.» König Gunther erwiderte: «Ihr solltet schweigen; ich werde Euch ein andermal erzählen, warum ich meine Schwester Siegfried gegeben habe. Sie wird mit diesem großartigen Mann stets ein heiteres, höfisches Leben führen können.» Brünhild entgegnete jedoch: «Um ihre Schönheit und ihre feine Erziehung tut es mir unendlich leid. Wüsste ich wohin, ich würde bereitwillig fortgehen, um nicht mit Euch das Beilager teilen zu müssen, es sei denn, Ihr sagt mir, aus welchem Grund Kriemhild Siegfrieds Geliebte ist.» Da erwiderte der edle König: «Dann erzähle ich es Euch eben: Er besitzt wie ich Burgen und große Länder, und Ihr dürft sicher sein, er ist ein mächtiger König. Deshalb erlaube ich ihm, dass er die herrliche junge Frau liebt.» Was ihr der König auch erzählte, Brünhild blieb betrübt.

Die edlen Ritter erhoben sich eilends von der Tafel, ihre Kampfspiele entwickelten sich zu solcher Härte, dass die Burg widerhallte. Der König hielt sich nur noch ungern bei seinen Gästen auf und wollte mit der schönen Dame schlafen gehen. Im Innersten hoffte er immer noch, sie könnte ihm Lust schenken, und so begann er, Frau Brünhild liebevoll anzuschauen. Man bat die Gäste, die Ritterspiele zu beenden, weil der König mit seiner Frau das Bett besteigen wollte. Kriemhild und Brünhild trafen sich vor der Saalstiege; noch herrschte zwischen beiden keine Feindschaft. Unverzüglich kamen ihre Dienerinnen herbei, und die vornehmen Kammerdiener brachten die Lichter. Dann trennten sich die Männer beider Könige, und viele Ritter gingen mit Siegfried.

Beide Herren kamen zu ihrem Lager, jeder dachte daran, seine bezaubernde Frau in der Liebe zu besiegen. Das beschwingte sie, und Siegfried vergnügte sich in der Tat großartig. Denn als er mit Kriemhild schlief und herrlich verliebt die Jungfrau zärtlich umfing, wurde sie ihm wie sein Leben. Nicht tausend andere Frauen hätte er für diese eine genommen. Mehr erzähle ich euch nicht davon, wie Siegfried seine Frau liebte.

Nun hört, wie Gunther, der herrliche Held, bei Frau Brünhild lag. Allerdings hatte er mit anderen Frauen oft schon angenehmer geschlafen. Die Dienerschaft war gegangen, Frauen und Männer; rasch wurde die Kemenate geschlossen, und er dachte nun, er könne ihren reizenden Leib liebkosen. Aber, weiß Gott, es dauerte noch lange, bis sie seine Frau wurde. In einem weißen Leinenhemd stieg sie ins Bett, und der edle Ritter dachte: «Jetzt habe ich hier alles, wonach ich mich mein Leben lang gesehnt habe.» Ihre Schönheit gefiel ihm sehr. Der tüchtige Held verdeckte die Lichter, begab sich zu seiner Frau und legte sich in froher Erwartung nahe zu ihr. Mit seinen Armen umfing er die bezaubernde Frau, und wenn sie ihn gelassen hätte, hätte er ein zärtliches Liebesspiel beginnen können. Sie aber war so wütend, dass ihn das ärgerte. Er glaubte, eine Geliebte zu finden, und fand feindlichen Hass. Sie sagte: «Edler Ritter, lasst es bleiben; was Ihr da vorhabt, das geht nicht. Ich werde unberührt bleiben, bis ich die wahre Geschichte erfahren habe; das werdet Ihr schon noch merken.»

Da begann Gunther sie zu hassen; er rang gewaltsam nach ihrer Liebe und zerriss ihre Kleider. Die herrliche junge Frau ergriff jedoch einen Gürtel, ein starkes Band, das sie um die Hüfte trug, und fügte dem König große Schmerzen zu. Sie band ihm Füße und Hände, trug ihn zu einem Nagel und hängte ihn an die Wand, weil er sie nicht ruhig schlafen ließ. Die Liebe verbot sie ihm. Weiß Gott, ihre Kräfte hätten ihn fast getötet. Er, der geglaubt hatte, Meister zu sein, begann zu flehen: «Edle Königin, löst meine Fesseln. Ich kann nicht darauf hoffen, Euch, schöne Frau, jemals zu besiegen, und nie mehr werde ich so nahe bei Euch liegen.» Sie kümmerte sich nicht darum, wie er sich fühlte, denn sie lag sehr bequem. Er musste dort die Nacht über bis zum Anbruch des Tages hängen bleiben. Hatte er jemals Kraft besessen, jetzt war sie geschwunden.

«Sagt mir, Herr Gunther», fragte die schöne Jungfrau, «täte es Euch leid, wenn Euch Eure Kammerdiener durch die Hand einer Frau gebunden fänden?» Da antwortete der edle Ritter: «Das würde Euch schlecht bekommen, denn es brächte auch mir wenig Ehre ein. Lasst mich also, weil es auch für Euer Ansehen nützlich ist, wieder zu Euch kommen. Wenn Euch meine Liebe so unangenehm ist, werde ich Euer Gewand nie mehr anrühren.» Da band sie ihn schnell los, und als sie ihn befreit hatte, stieg er wieder zu ihr ins Bett, legte sich jedoch so weit weg, dass er ihr schönes Kleid nicht mehr berührte, denn das wollte auch sie nicht.

Da kamen ihre Dienerinnen, um ihnen neue Gewänder zu bringen. An diesem Morgen lagen sehr viele für sie bereit. Der König war sehr traurig, obwohl er an diesem Tag die Krone trug und es allgemein fröhlich zuging. Nach der Sitte des Landes und wie es das Recht verlangte, gingen Gunther und Brünhild nämlich alsbald in den Dom zur Krönungsmesse. Auch Siegfried kam, und großes Gedränge entstand. Ihre Kronen und ihre Krönungsgewänder, die sie tragen sollten, lagen ihnen dort, gemäß ihrer königlichen Ehre, bereit. Alle vier erhielten die Königswürde und standen danach heiter unter der Krone. Wisst, dass mehr als sechshundert Knappen dem König zu Ehren das Schwert empfingen. Bei den Burgundern herrschte große Freude, und in den Händen der jungen Ritter erklangen die Lanzen. An den Fenstern saßen die schönen jungen Frauen und sahen zahlreiche glänzende Schilde vor ihnen leuchten.

Der König hatte sich von seinen Männern getrennt, und was die andern auch taten, er war traurig. Ihm war ganz anders zumute als dem edlen, tapferen Ritter Siegfried, der wohl ahnte, was ihm fehlte, und deshalb den König aufsuchte und ihn fragte: «Wie ist es Euch heute Nacht ergangen? Lasst es mich wissen!» Der König gab dem Gast zur Antwort: «Meine Ehre ist gekränkt und Schaden habe ich genommen, denn ich habe mir den bösen Teufel ins Haus geholt. Als ich sie lieben wollte, hat sie mich schmerzhaft gefesselt, mich zu einem Nagel getragen und mich hoch an die Wand gehängt. Dort habe ich die Nacht über bis Tagesanbruch gehangen, bevor sie mich abband. Ach, und sie lag so bequem! Das klage ich dir freundschaftlich und im Vertrauen auf deine Verschwiegenheit.» Der tapfere Siegfried antwortete: «Ich werde dir beweisen, dass mir das wirklich leidtut. Lässt du es, ohne eifersüchtig zu werden, zu, dann schaffe ich es, dass sie heute Nacht so nahe bei dir liegt, dass sie dir ihre Liebe nicht länger vorenthalten wird.» Über diese Worte freute sich der geplagte Gunther. Siegfried fuhr fort: «Du kannst heil davonkommen. Vermutlich ist es uns heute Nacht unterschiedlich ergangen, denn ich liebe deine Schwester Kriemhild mehr als mein Leben. Frau Brünhild muss noch heute Nacht deine Frau werden.» Er machte folgenden Vorschlag: «Heute Nacht komme ich so heimlich in meiner Tarnkappe in deine Kemenate, dass niemand meine List bemerken wird. Schicke die Kammerdiener in ihre Herbergen. Dann lösche ich den Knaben die Lichter, die sie in der Hand halten, denn daran merkst du, dass ich bei dir bin und dir helfe. Dann ringe ich deine Frau nieder, sodass du sie heute Nacht lieben kannst, oder ich sterbe.»

«Wenn es geht, dass du mit meiner lieben Frau nicht schläfst, bin ich darüber froh», erwiderte König, «sonst tu ihr an, was du willst, auch wenn du sie tötest, denn das könnte ich gut verschmerzen, sie ist eine fürchterliche Frau.» «Ich verpfände mein Wort», antwortete Siegfried, «dass ich nicht mit ihr schlafe. Deine schöne Schwester geht mir über all die anderen Frauen, die ich kennengelernt habe.» Gunther vertraute Siegfrieds Worten.

Tagsüber brachten die höfischen Unterhaltungen Freude und Leid, und als gegen Abend die Damen in die Halle gehen sollten, untersagte man die lärmenden Kampfspiele. Die Kämmerer schickten die Leute weg, und der Hof wurde von Rossen und Menschen geräumt. Jede der beiden Königinnen wurde von einem Bischof vor den Augen der Könige zu Tisch geführt. Viele tüchtige Männer folgten ihnen in die Halle. Der König war heiter und in freudiger Erwartung, er dachte an das, was ihm Siegfried versprochen hatte. Dieser eine Tag schien ihm wohl dreißig Tage lang zu dauern. Er dachte nur noch daran, mit seiner Frau zu schlafen, und konnte es kaum erwarten, dass man sich von den Tischen erhob. Die schöne Brünhild und Frau Kriemhild ließ man in ihre Gemächer geleiten. Oh, wie viele tüchtige Ritter liefen da vor den Königinnen her!

Heiter und frohen Sinnes saß Herr Siegfried liebevoll bei seiner schönen Gemahlin, die seine Hände mit ihrer schneeweißen Hand liebkoste, bis er, sie wusste nicht wann, vor ihren Augen entschwand. Als die Königin mit ihm spielte und ihn plötzlich nicht mehr sah, fragte sie seinen Diener: «Mich wundert sehr, wohin der König gegangen sein mag. Wer hat seine Hände aus meinen genommen?» Sie fragte aber nicht weiter.

Siegfried war inzwischen dorthin gelangt, wo viele Kammerdiener mit ihren Lichtern standen. Diese blies er den Knaben in ihren Händen aus, dadurch erkannte Gunther, dass Siegfried gekommen war, und er wusste, was dieser vorhatte. Er schickte die Mädchen und die Frauen fort und schloss danach selbst die Tür. Zwei starke Riegel stieß er schnell davor. Rasch verbarg er noch die Lichter hinter den Bettvorhängen. Dann begannen der tapfere Siegfried und die schöne Jungfrau ein Spiel, das sich nicht verhindern ließ. Dem König Gunther bereitete es allerdings Freude und Leid zugleich.

Siegfried legte sich dicht neben die junge Frau, die ihn warnte: «Lasst es, Gunther, so gern Ihr das auch wollt, damit Ihr nicht so viel leiden müsst wie letzte Nacht.» Kurz darauf fügte die Dame dem kühnen Siegfried heftige Schmerzen zu. Dieser verbarg seine Stimme und sprach nicht. Gunther hörte, obwohl er Siegfried nicht sah, dass es zwischen den beiden zu keinerlei Vertraulichkeiten kam, denn sie hatten wenig Ruhe in ihrem Bett. Siegfried verhielt sich, als ob er der mächtige König Gunther wäre, und umfing die wunderbare Jungfrau mit seinen Armen. Sie aber warf ihn aus dem Bett und schleuderte ihn auf eine in der Nähe stehende Bank zu, dass sein Kopf auf einen Schemel aufschlug und laut dröhnte. Kraftvoll sprang der kühne Mann wieder auf und wollte es nochmals versuchen. Als er Brünhild jedoch überwältigen wollte, fügte sie ihm heftige Schmerzen zu. Vermutlich hat niemals eine Frau solche Gegenwehr geleistet, denn als er nicht ablassen wollte, sprang die Jungfrau auf und rief: «Zerwühlt mir nicht mein weißes Hemd, Ihr seid sehr zudringlich; das wird Euch leidtun, und ich lasse Euch das spüren!» Mit ihren Armen umfing sie den herrlichen Helden und wollte ihn wie den König in Fesseln legen, um in ihrem Bett Ruhe zu finden. Die Dame nahm schwere Rache, weil er ihr Gewand zerwühlt hatte.

Was halfen ihm nun seine große Stärke und seine ungewöhnliche Kraft? Sie zeigte dem Kämpfer ihre meisterliche Überlegenheit, trug ihn, das konnte er nun nicht verhindern, gewaltsam fort und presste ihn ungestüm zwischen die Wand und eine Kleidertruhe. «Herrje», dachte der Kämpfer, «wenn ich nun von einer Jungfrau getötet werde, dann werden künftig alle Frauen ihre Männer verhöhnen, die es sonst nie getan hätten.» König Gunther hörte alles und bekam Angst um Siegfried. Dieser schämte sich sehr. Er geriet in Wut, setzte sich mit unglaublicher Kraft zur Wehr und griff Frau Brünhild gefährlich an. Dem König schien es lange, bis Siegfried sie endlich bezwang. Sie presste Siegfrieds Hände mit solcher Kraft, dass das Blut aus den Nägeln spritzte. Jetzt reichte es dem Helden, und bald brachte er die herrliche Jungfrau dazu, ihre bösen Wünsche für Gunther zu widerrufen. Der König hörte alles, auch wenn Siegfried nicht redete. Dieser drückte nun Brünhild auf das Bett, sodass sie laut aufschrie, denn seine Kräfte taten ihr schmerzhaft weh. Da griff sie nach dem Gürtel, den sie um die Hüfte trug, und wollte Siegfried fesseln. Der wehrte sich so sehr, dass ihre Glieder und ihr ganzer Körper krachten.

Damit war der Kampf entschieden, und sie wurde Gunthers Frau. Sie bat: «Edler König, lass mich leben. Ich mache wieder gut, was ich dir angetan habe, und werde mich nie mehr gegen deine herrliche Liebe wehren. Ich habe jetzt den Beweis, dass du eine Frau beherrschen kannst.» Siegfried erhob sich, er ließ die Jungfrau liegen und tat so, als ob er sich ankleiden wollte. Einen goldenen Ring zog er von ihrer Hand, so sanft, dass die edle Königin es nicht merkte. Außerdem nahm er ihren Gürtel, ein Stück von guter Qualität. Ich weiß nicht, ob er das tat, weil er so frohen Sinnes war. Er schenkte beides seiner Frau, das wurde ihm später zum Verhängnis.

Nun lagen Gunther und die schöne junge Frau beieinander. Er liebte sie nach seinen Wünschen, und da gab sie ihre Wut und ihre Scham auf. Von seinen Vertraulichkeiten wurde sie ziemlich blass. Hei, wie entwichen ihre großen Kräfte durch die Liebe! Nun war auch sie nicht mehr stärker als andere Frauen. Er liebkoste zärtlich ihren schönen Körper. Was hätte es genützt, wenn sie weiteren Widerstand geleistet hätte? Diese Möglichkeit hatte ihr Gunther mit seinen Zärtlichkeiten genommen. Wie bezaubernd sie nun bei ihm lag und ihn bis in den frühen Tag hinein liebte!

Herr Siegfried hatte das Gemach verlassen und war zu einer wunderschönen Frau zurückgekehrt, die ihn liebevoll empfing. Er überhörte ihre Frage, die sie sich ausgedacht hatte, und er verbarg, was er ihr mitgebracht hatte, noch so lange, bis sie in seinem Reich unter der Krone ging. Allerdings unterließ er es auch nicht, ihr zu schenken, was er ihr wohl schenken musste.

An diesem Morgen war der König weitaus besserer Laune als tags zuvor. Darüber freute sich der Adel seines Landes. Eifrig diente man den geladenen Gästen auf der Burg. Das Fest dauerte vierzehn Tage, und während dieser Zeit nahm der Lärm der fröhlichen Spiele nie ab. Die Ausgaben des Königs schätzte man sehr hoch ein.

Die Verwandten des edlen Königs schenkten nach seinen Anweisungen und seiner Ehre zuliebe vielen fremden Menschen Kleider und Rotgold, Rosse und Silber, und die Fahrenden nahmen freudig Abschied. Siegfried, der Herr aus den Niederlanden, und seine tausend Ritter verschenkten all ihre Gewänder und die Rosse mit den Sätteln, die sie mit an den Rhein gebracht hatten. Sie führten ein herrliches Leben. Bevor man noch die reichen Gaben alle weggegeben hatte, schien denen, die nach Hause wollten, die Zeit zu lang. Nie waren bisher Gäste großzügiger ausgestattet worden. So endete das Hochzeitsfest, wie Ritter Gunther es wollte.

11. AVENTÜRE
SIEGFRIEDS HEIMFAHRT

Siegfried verzichtet leichten Herzens auf die Erbansprüche, die seine Frau zunächst geltend macht. Man gibt sich auch damit zufrieden, dass Hagen es ablehnt, zusammen mit Ortwin und anderen Verwandten an Xanten verschenkt zu werden, und reist in Begleitung eines großen Gefolges an den Niederrhein. Siegmund und Sieglind bereiten dem Paar einen herzlichen Empfang. Siegmund übergibt seinem Sohn die Krone, dieser macht sich als oberster Gerichtsherr einen guten Namen. Nach einem Jahrzehnt bringt Kriemhild einen Sohn zur Welt, der Gunther getauft wird und eine sorgfältige Erziehung genießt. Um diese Zeit stirbt Sieglind, und Kriemhild übernimmt ihre Ämter.

Am Rhein schenkt Brünhild einem Sohn das Leben. Er wird Siegfried genannt und erhält gleichfalls eine hervorragende Erziehung. Zum Abschluss erinnert die Aventüre an Siegfrieds gewaltigen Herrschaftsbereich:

Mächtiger als Siegfried, der nicht nur in Siegmunds Land, sondern auch im Reich Nibelungs die Herrschaftsgewalt ausübte, war noch keiner von Gunthers Verwandten geworden. Auch Schilbungs Krieger dienten ihm, und er verfügte über beider Königsgüter. Auf diese Besitzungen war der kühne Siegfried besonders stolz. Der größte Schatz, den jemals ein Mensch, ausgenommen die früheren Eigentümer, besaß, gehörte diesem mutigen Krieger. Er hatte ihn an einem Berg erkämpft, dabei viele tüchtige Ritter totgeschlagen und dadurch den Gipfel der Ehre erreicht. Doch selbst ohne dies alles müsste man den edlen Kämpfer mit guten Gründen zu den besten Rittern zählen, die jemals auf einem Ross saßen. Zu Recht fürchtete man seine Stärke.

12. AVENTÜRE
GUNTHERS EINLADUNG

Wieder und wieder dachte Gunthers Frau: «Warum nur trägt Frau Kriemhild den Kopf so hoch, wo doch ihr Mann Siegfried unser Eigentum ist? Sehr lange hat er uns nicht gedient.» Solchen Gedanken hing sie nach, verschwieg sie aber. Es bekümmerte sie sehr, dass Siegfried und Kriemhild fern blieben und aus Siegfrieds Reich keine Lehnspflichten geleistet wurden. Sie hätte schon gerne gewusst, warum das so war, und versuchte deshalb beim König zu erfahren, ob es möglich wäre, Kriemhild einmal wiederzusehen. Ihre Überlegungen besprach sie vertraulich mit dem König, doch diesem gefielen sie gar nicht. «Wie könnten wir sie», fragte der mächtige König, «in unser Land bitten? Das ist unmöglich. Sie wohnen zu weit entfernt von uns; ich wage nicht einmal, sie zu fragen.» Brünhild jedoch antwortete geschickt: «Der Vasall eines Königs mag noch so vornehm und mächtig sein, er muss die Bitte seines Herrn doch erfüllen.» Gunther schmunzelte, als sie so gesprochen hatte, denn es wäre ihm nie eingefallen, Siegfrieds Hilfeleistungen als vasallitische Dienstleistungen anzusehen. Brünhild sagte: «Liebster Herr, tue es mir zuliebe und hilf mir, dass Siegfried und deine Schwester in unser Land kommen, damit wir sie bei uns sehen können. Das wäre mir, weiß Gott, das Liebste. Ach, wie wohl tut mir das, wenn ich an die feinen Sitten deiner Schwester und an ihre hochanständige Gesinnung denke, als wir damals, nachdem ich gerade deine Frau geworden war, zusammensaßen! Für Siegfried ist es eine Ehre, sie lieben zu dürfen.»

Sie beharrte so lange darauf, bis der König nachgab und sprach: «Wisst, dass sie meine liebsten Gäste wären; Ihr braucht gar nicht sehr zu bitten. Ich werde meine Boten zu den beiden senden, dass sie uns am Rhein besuchen.» Da erwiderte die Königin: «So sagt mir, wann Ihr nach unseren lieben Verwandten schicken wollt und wann sie in unser Land kommen. Teilt mir auch mit, wen Ihr als Sendboten wählt.» «Das mache ich», entgegnete der Fürst, «dreißig meiner Lehnsmänner werde ich dorthin reiten lassen.»

Diese ließ er kommen und teilte ihnen die Botschaft mit, die sie in Siegfrieds Reich ausrichten sollten. Zu ihrer Freude schenkte ihnen Brünhild herrliche Gewänder. König Gunther entließ sie mit den Worten: «Richtet dem tüchtigen Siegfried und meiner Schwester von mir aus – verschweigt nichts! –, dass sie niemand auf der Welt mehr schätzt als ich, und tragt die Bitte vor, dass sie beide uns am Rhein besuchen mögen. Meine Frau und ich werden ihnen dafür immer verbunden sein. Noch vor der diesjährigen Sonnenwende sollen er und seine Männer hier viele Freunde treffen, die ihn ehrenvoll empfangen werden. Meldet König Siegmund meine Ergebenheit; meldet, dass ich und meine Familie ihm immer gewogen sind, und berichtet auch meiner Schwester, sie möge ihre Verwandten besuchen, denn kein Fest würde ihr besser gefallen als dieses.»

Brünhild, Ute und die anderen Frauen entboten den bezaubernden Damen und tüchtigen Rittern in Siegfrieds Reich ihre Grüße. Mit dem Einverständnis der Vertrauten des Königs machten sich die Boten reisefertig und erhielten ihre Pferde und ihre Gewänder. Sie verließen das Land und eilten ihrem Ziel entgegen. Der König befahl, sie durch ein Geleit sorgsam zu beschützen. Innerhalb von drei Wochen gelangten sie an ihr Ziel, zur Burg Nibelungs in der Mark Norwegen. Dort trafen sie Siegfried; ihre Rosse waren müde von den langen Wegen.

Siegfried und Kriemhild wurde gemeldet, dass Ritter gekommen wären, die Kleider nach burgundischer Mode trügen. Die Königin sprang aus dem Bett, auf dem sie ruhte, und bat eine Dienerin, ans Fenster zu gehen. Diese erblickte den kühnen Gere mit seinen Begleitern im Hof. Welch freudige Nachricht vernahm Kriemhild da als Trost für ihr trauriges Herz! Zum König sagte sie: «Schaut nur zu ihnen hin, die mit dem tüchtigen Gere im Hof auf und ab gehen und die uns mein Bruder Gunther zum Niederrhein geschickt hat!» Da antwortete der tapfere Siegfried: «Sie seien uns willkommen!»

Das ganze Gesinde lief zu den Boten, und jeder Einzelne begrüßte sie mit aller ihm möglichen Herzlichkeit. Herr Siegmund freute sich sehr über ihre Ankunft. Man beherbergte Gere und seine Männer, die Rosse wurden versorgt. Die Boten, denen erlaubt worden war, bei Hof zu erscheinen, nahmen dies wahr und begaben sich zu Siegfried, der bei Kriemhild saß. Sogleich stand der Landesherr mit seiner Gemahlin auf und empfing Gere aus Burgund mit seinen Gefährten, den Lehnsmännern Gunthers. Der mächtige Gere wurde gebeten, Platz zu nehmen, doch er sagte: «Erlaubt uns, die Botschaft auszurichten, bevor wir uns setzen. Zwar sind wir von der Reise erschöpft, lasst uns aber noch etwas stehen, denn wir möchten Euch melden, was uns Gunther und Brünhild sowie Frau Ute, Eure Mutter, aufgetragen haben, denen es sehr gut geht. Der junge Giselher und Herr Gernot und Eure engsten Verwandten haben uns hergeschickt und entbieten Euch ihre ergebensten Grüße aus Gunthers Reich.» «Gott lohne es ihnen», antwortete Siegfried, «wie unter Verwandten üblich, vertraue ich ihnen und bin ihnen in jeder Hinsicht wohlgesinnt, ebenso ist es ihre Schwester; erzählt uns, ob unsere lieben Verwandten daheim guten Mutes sind. Hat irgendjemand die Verwandten meiner Frau in Schwierigkeiten gebracht, seit wir sie verlassen haben? Lasst mich das wissen, denn diesen Ärger werde ich in alter Treue so lange mit ihnen ertragen, bis ihre

Feinde meine Hilfe beklagen werden.» Der edle Ritter Markgraf Gere antwortete: «Sie sind bester Dinge und laden Euch zu einem Fest an den Rhein ein, denn sie würden sich sehr freuen, Euch sehen zu können, zweifelt nicht daran. Sie bitten darum, dass meine Herrin Euch begleitet. Wenn der Winter zu Ende ist, vor der Sonnenwende, würden sie Euch gerne empfangen.» Der tapfere Siegfried erwiderte: «Dies dürfte kaum möglich sein.» Doch Gere aus Burgund fuhr fort: «Ute, Eure Mutter, Gernot und Giselher, sie alle bitten Euch dringend darum, ihren Wunsch zu erfüllen, und jeden Tag höre ich sie klagen, dass Ihr so weit weg seid. Brünhild, meine Herrin, würde sich mit ihrer ganzen Dienerschaft über eine Zusage freuen, es würde sie glücklich machen, wenn sie Euch wieder einmal sehen könnte.» Kriemhild gefiel diese Botschaft.

Gere war mit Kriemhild verwandt, der König bat ihn, jetzt Platz zu nehmen, und ließ, es war nun an der Zeit, den Gästen den Begrüßungstrunk reichen. Als Siegmund die Boten gesehen hatte, war er auch gekommen und begrüßte die Burgunder herzlich: «Ritter und Lehnsmänner Gunthers, seid willkommen! Seit mein Sohn Siegfried Kriemhild geheiratet hat, hätte man euch gerne öfters bei uns gesehen, wo wir doch verwandt sind.» Sie entgegneten, wenn es sein Wunsch wäre, würden sie ihn gerne besuchen. Ihre große Müdigkeit verflog bei fröhlicher Unterhaltung; man bat sie, sich zu setzen, und Siegfried ließ ihnen reichlich Speisen auftragen. Volle neun Tage mussten die tüchtigen Ritter dort bleiben und klagten schließlich, dass sie nicht nach Hause zurückreiten könnten.

Inzwischen hatte König Siegfried nach seinen Vertrauten geschickt und fragte sie um Rat, ob sie zum Rhein reisen wollten: «Mein Schwager Gunther und seine Familie haben mich eingeladen, ein Fest zu feiern. Nun würde ich sie gerne besuchen, wenn sein Reich nicht so weit entfernt wäre. Sie bitten auch Kriemhild, mit mir zu reisen. Ratet mir, liebe Vertraute, auf welche Weise ich mich dorthin begeben soll. Selbst wenn ich ihretwegen dreißig Länder mit Krieg überziehen müsste, ich würde ihnen schon gerne meine Aufwartung machen.» Da entgegneten seine Lehnsmänner: «Wenn Ihr beabsichtigt, das Fest aufzusuchen, dann machen wir folgenden Vorschlag: Reitet mit tausend Rittern an den Rhein, dann könnt Ihr ehrenvoll in Burgund auftreten.» Da meinte Herr Siegmund aus den Niederlanden: «Warum sagt Ihr mir nicht, dass Ihr an dem Fest teilnehmen wollt? Wenn Ihr nichts dagegen habt, reite ich mit Euch und vergrößere Eure Schar um hundert Männer.» «Wenn Ihr mit uns reiten wollt, liebster Vater», erwiderte der tapfere Siegfried, «dann freut mich das sehr. In zwölf Tagen verlasse ich meine Länder.» Allen, die es begehrten, schenkte man Rosse und Gewänder.

Nachdem sich der edle König für die Abreise entschieden hatte, ließ man die tüchtigen, edlen Boten zurückreiten. Den Verwandten seiner Frau ließ er ausrichten, er würde sehr gerne an dem Fest teilnehmen. Siegfried und Kriemhild, so haben wir gehört, schenkten den Boten so viel, dass deren Pferde es nicht nach Hause tragen konnten. Er war ein mächtiger und wohlhabender Mann. Fröhlich trieb man die starken Saumtiere vorwärts.

Siegfried und Siegmund ließen ihr Gefolge einkleiden, Graf Eckewart ordnete an, die besten Kleidungsstücke auszuwählen, die es in Siegfrieds Reich gab. Sättel und Schilde wurden bereitgelegt, den mitreisenden Rittern und Damen schenkte man, was sie wünschten, damit es ihnen an nichts fehlte. Siegfried brachte viele herrliche Gäste zu seinen Verwandten.

Auf den Wegen des Landes eilten die Boten dahin; nach Burgund kam Gere, der Held, und wurde herzlich empfangen. Vor Gunthers Halle saßen sie von ihren Rossen und

Saumtieren ab. Neugierig kamen, wie üblich, Jung und Alt angelaufen, der edle Ritter aber sagte: «Ihr könnt mithören, wenn ich die Botschaft dem König ausrichte.» Mit seinen Gefährten ging er daraufhin zu Gunther. Vor Freude sprang der König von seinem Sitz auf, und die schöne Brünhild dankte ihnen, dass sie so rasch zurückgekommen waren. Gunther fragte die Boten: «Wie geht es Siegfried, der mir so viel Gutes getan hat?» Der kühne Gere antwortete: «Er und Eure Schwester erröteten vor Freude. Kaum jemand hat jemals seinen Verwandten wohlmeinendere Botschaften ausrichten lassen, als Euch Herr Siegfried und sein Vater.» Da fragte des edlen Königs Frau den Markgrafen: «Sagt mir, kommt Kriemhild zu uns? Hat die schöne Frau noch die feine Sitte bewahrt, die sie früher so sehr auszeichnete?» «Gewiss kommt sie», antwortete Ritter Gere.

Ungeduldig bat Ute die Boten zu sich, und man konnte an ihrer Art zu fragen spüren, dass sie gerne vernahm, dass es Kriemhild noch gut ging. Gere berichtete, in welcher guten Verfassung er sie antraf und dass sie bald käme. Die Boten verschwiegen auch die Gaben nicht, die ihnen Herr Siegfried geschenkt hatte. Das Gold und die Gewänder wurden den Lehnsmännern der drei Könige gezeigt, und man bedankte sich für die Großzügigkeit Siegfrieds und Kriemhilds. «Er kann», meinte Hagen allerdings, «seine Sachen leicht verschenken; er könnte gar nicht alles ausgeben, selbst wenn er ewig leben würde, denn er besitzt den Hort der Nibelungen. Ach, könnte dieser doch nach Burgund kommen!»

Das Gesinde freute sich, dass die Gäste aus Xanten kommen sollten. Von früh bis spät arbeiteten die Lehnsmänner der drei Könige geschäftig und errichteten viele Ehrensitze. Der kühne Hunold und der Kämpfer Sindold hatten viel Arbeit, denn sie mussten die Truchsesse und Schenken beim Aufstellen der vielen Bänke beaufsichtigen. Ortwin half ihnen dabei, wofür ihm Gunther dankte. Wie gut rüstete Küchenmeister Rumold seine Untertanen, die riesengroßen Kessel, Töpfe und Pfannen! Oh, wie viele gab es davon! Man bereitete die Speisen für die zahlreichen ankommenden Gäste vor.

13. AVENTÜRE
DIE ANKUNFT DER GÄSTE

Wir lassen nun alles geschäftige Treiben in Burgund auf sich beruhen und erzählen, wie sich Frau Kriemhild mit ihren jungen Damen aus dem Nibelungenland an den Rhein begab. Noch nie haben Saumtiere so viele reiche Gewänder getragen! Man schickte zahlreiche Reisetruhen auf den Weg, Held Siegfried ritt mit seinen Vertrauten und der Königin dorthin, wo sie sich schöne Tage erhofften. Bald allerdings würde die Unternehmung in großem Leid enden. Siegfrieds und Kriemhilds kleiner Sohn Gunther blieb zu Hause. Das war wohl sein Schicksal, denn durch die Reise erlitt er einen unwiederbringlichen Verlust: Vater und Mutter hat das kleine Kind nie mehr gesehen. Herr Siegmund ritt mit dem Königspaar. Hätte er allerdings gewusst, wie das Fest enden würde, dann hätte er nicht daran teilgenommen, denn kein größerer Schmerz konnte ihm durch das, was seinen lieben Verwandten zustieß, zugefügt werden.

Man sandte die Boten voraus, um die Reisenden anzukündigen. Viele Vertraute Utes und Gunthers Vasallen ritten ihnen freudig entgegen, der König bereitete sich sorgfältig auf die Ankunft der Gäste vor, ging zu Brünhild und bat: «Empfangt bitte Siegfrieds Frau auf die gleiche Weise wie Euch meine Schwester empfing, als Ihr in mein Land kamt.» «Natürlich», antwortete sie, «ich habe allen Anlass, sie zu lieben.» Der mächtige König fuhr fort: «Morgen früh kommen sie zu uns, wenn *Ihr* sie empfangen wollt, dann macht Euch bereit, damit wir sie nicht erst in der Burg in Empfang nehmen müssen. Noch nie kamen so liebe Gäste zu mir.» Da ließ sie unverzüglich alle ihre Damen die besten Kleider, die sie hatten, hervorholen, weil sie die vor den Gästen tragen sollten. Das – es ist nicht schwer zu glauben – taten diese gern. Gunther versammelte alle seine Lehnsmänner um sich, und auch diese beeilten sich, den Gästen die Ehre zu erweisen. Die Königin ritt den Ankommenden, die nun aufs Herzlichste begrüßt wurden, herrlich entgegen. Mit welcher Freude empfing man die Gäste! Diese glaubten, dass Frau Kriemhild einst Frau Brünhild nicht so schön in Burgund empfangen hätte. Wer Kriemhild vorher noch nicht gesehen hatte, lernte jetzt ihre großartige höfische Haltung kennen.

Nun war auch Siegfried mit seinen Männern angekommen, und überall auf der Ebene ritten sie in riesengroßen Scharen hin und her, Gedränge und Staubwolken ließen sich nicht vermeiden. Als Gunther Siegfried und Siegmund erblickte, sagte er herzlich: «Seid mir und allen meinen Vertrauten hochwillkommen, wir freuen uns sehr, dass Ihr an unseren Hof gekommen seid.» «Das lohne Euch Gott», erwiderte Siegmund, der stets nach Ehre strebte, «seit mein Sohn Siegfried mit Euch verwandt wurde, hatte ich den Wunsch, Euch zu sehen.» Da entgegnete Gunther: «Darüber freue ich mich sehr.» Siegfried wurde, wie es für ihn angemessen war, mit großer Ehrerbietung empfangen, und niemand grollte ihm. Ich denke, nie wurden Gäste so herzlich aufgenommen, und dazu trugen Giselher und Gernot durch ihre große Liebenswürdigkeit maßgeblich bei.

Da ritten die beiden Königinnen aufeinander zu, zahlreiche Sättel wurden leer, weil zahlreiche schöne Damen von den Rittern aufs Gras gehoben wurden. Wer Frauen gerne diente, wie eifrig war er bei der Sache! Die bezaubernden Königinnen gingen aufeinander zu, die Ritter freuten sich sehr darüber, dass sich beide so freundlich begrüßten. Viele ritterliche Krieger standen bei ihren jungen Damen. Wer dieser herrlichen Gesellschaft angehörte, fasste sich an der Hand und verneigte sich sittsam, und die beiden schönen Herrinnen küssten sich herzlich. Die Lehensmänner Gunthers und Siegfrieds freuten sich über diesen Anblick.

Man wartete nun nicht länger und ritt zur Stadt. Der König hatte dort darum gebeten, den Gästen zu beweisen, dass man sie gerne in Burgund sah, und deshalb fanden zahlreiche ritterliche Kämpfe vor den jungen Damen statt. Hagen von Tronege und Ortwin nahmen nicht daran teil, sondern erwiesen den Gästen große Verehrung. Sie zeigten, welche Macht sie hatten, und niemand wagte, sich dem zu widersetzen, was sie befahlen. Vor dem Burgtor erklangen viele Schilde von den Stichen und Stößen der Lanzen. Lange hielt sich der Burgherr mit seinen Gästen dort auf, bevor sie hineingingen, und, weiß Gott, die Zeit verging ihnen bei angenehmster Unterhaltung im Fluge.

Diese gesellige Unterhaltung setzt sich bis zum elften Tag fort. Der Erzähler entfaltet noch einmal die schönsten Seiten des höfischen Lebens, der ritterlich-höfischen Pracht- und Herrschaftsdarstellung, der Freude und Harmonie. Nur Brünhild, den Gästen uneingeschränkt zugetan, ist nachdenklich und sinnt schon am ersten Abend über Siegfrieds Rang nach:

Die Königin Brünhild dachte bei sich, dass ein Unfreier, ein Eigenhöriger, kaum reicher und mächtiger hätte sein können. Noch war sie Siegfried so zugetan, dass sie nicht nach seinem Leben trachtete.

14. AVENTÜRE
DAS ZERWÜRFNIS DER KÖNIGINNEN

Am elften Tag, vor der Vesper, entstand eine große Unruhe durch die zahlreichen Ritter, die sich auf dem Hof tummelten und sich mit Kampfspielen zerstreuten. Viele Frauen und Männer kamen herbei, um zuzusehen. Die mächtigen Königinnen saßen beieinander und dachten an zwei ruhmreiche Kämpfer. Da sagte die schöne Kriemhild: «Ich habe einen Mann – alle diese Reiche sollten unter seiner Herrschaft stehen.» Frau Brünhild erwiderte: «Wie könnte das sein? Wenn nur ihr beide leben würdet, dann könnten ihm die Reiche wohl gehören. Solange aber Gunther lebt, kann es niemals so weit kommen.» Aber Kriemhild fuhr fort: «Du siehst doch, wie er auftritt, wie herrlich er vor den Kämpfern erscheint – wie der leuchtende Mond vor den Sternen! Ich habe allen Grund, mich darüber zu freuen.» Frau Brünhild entgegnete: «Wie herrlich dein Mann auch sein mag, wie tapfer und wie schön, so musst du doch Gunther, deinen edlen Bruder, über ihn stellen. Dieser steht, sei sicher!, über allen Königen.» Da erwiderte Frau Kriemhild: «Mein Mann ist so einmalig, dass ich ihn nicht ohne Grund gerühmt habe. Seine Ehre ist groß, in jeder Hinsicht. Glaube mir, Brünhild, er ist Gunther an Würde gleich.» «Kriemhild, nimm es mir doch nicht übel, aber ich habe nicht ohne Grund so gesprochen wie eben, denn als ich Siegfried und Gunther das allererste Mal gesehen habe und der König mich besiegt und dadurch meine Liebe so ritterlich gewonnen hatte, da sagte Siegfried selbst, er sei ein Lehnsmann des Königs. Deshalb, weil ich es ihn sagen hörte, halte ich ihn für einen unfreien Dienstmann.» Die schöne Kriemhild antwortete: «Da wäre mir doch böse mitgespielt worden!

Warum hätten mich meine edlen Brüder zum Liebchen eines Dienstmannes machen sollen? Brünhild, ich bitte dich als Freundin und Verwandte, sei so freundlich und nimm deine Worte mir zuliebe zurück.» «Ich kann sie nicht zurücknehmen», widersetzte sich die Königin, «warum sollte ich denn auf die vielen Ritter verzichten, die uns mit Siegfried dienstlich untertan sind?»

Die schöne Kriemhild begann heftig zu zürnen: «Du wirst auf ihn verzichten müssen und darauf, dass er dir jemals dient. Er besitzt größere Ehre als mein hochadeliger Bruder Gunther. Verschone mich mit dem, was ich von dir gehört habe. Außerdem wundert es mich, dass er dir so lange keine Abgaben entrichtet hat, wo er doch dein ‹Dienstmann› ist und du die ‹Herrschaftsgewalt› über uns beide ausübst. Auf deinen Hochmut kann ich wirklich verzichten.» «Du nimmst dir zu viel heraus», entgegnete die Frau des Königs, «ich würde schon gerne einmal sehen, ob man dich so ehrt wie mich.» Beide Damen wurden sehr, sehr zornig. Kriemhild erwiderte: «Das soll jetzt gleich geschehen. Da du meinen Mann für unfrei erklärt hast, sollen heute die Gefolgsleute beider Könige entscheiden, ob ich es wage, vor der Frau des Königs in den Dom zu gehen. Du musst es heute wahrnehmen, dass ich noch frei und von Adel bin und dass mein Mann größere Ehre besitzt als der deine. Deine Schmähung will ich nicht auf mir sitzen lassen. Du musst dir noch heute ansehen, wie deine ‹Dienstfrau› am Hof vor den Männern Burgunds auftritt. Meine Ehre, die ich zur Schau stelle, wird größer sein als die irgendeiner Königin, die jemals eine Krone trug.» Unter den Damen entstand großer Hass. Brünhild forderte: «Willst du nicht Dienstfrau sein, dann musst du dich mit deinen Frauen von meinem Gefolge trennen, wenn wir zum Dom gehen.» Kriemhild antwortete: «In der Tat, so soll es sein.»

«Nun kleidet euch schön, meine Damen», sprach Siegfrieds Gattin, «macht mir keine Schande! Zeigt, dass ihr kostbare Gewänder habt. Brünhild wird freiwillig zurücknehmen, was sie gesagt hat.» Es war nicht schwer, ihnen zu befehlen; sie suchten prachtvolle Kleider heraus. Viele jüngere und ältere Frauen wurden, wie die schöne Kriemhild, wunderschön herausgeputzt. Diese, die Gemahlin des edlen Königs, machte sich mit ihrem Gefolge, dreiundvierzig jungen Damen, die sie mit an den Rhein gebracht hatte, auf den Weg. Sie trugen helle, in Arabien gewirkte Stoffe aus Seide. So kamen die hübschen jungen Frauen zum Dom, vor dem Siegfrieds Männer sie erwarteten.

Die Leute wunderten sich, weshalb sich die Königinnen getrennt hatten und nicht wie früher zusammen gingen. Das brachte bald viele Krieger in große Sorge. Hier, vor dem Dom, stand Gunthers Gemahlin. Viele Ritter unterhielten sich mit den schönen Damen, die sie dort sahen. Da kam Frau Kriemhild in großer, herrlicher Gesellschaft. Alle Kleider, die jemals edle Rittertöchter trugen, waren ihrer Begleitung gegenüber ein Windhauch. Kriemhild besaß so große Reichtümer, nicht einmal dreißig Königinnen hätten es mit ihr aufnehmen können. Selbst wer es wollte, er hätte nicht sagen können, dass jemals so kostbare Gewänder getragen wurden wie damals von den hübschen jungen Frauen. Wäre es nicht gewesen, um Brünhild zu beleidigen, Kriemhild hätte es unterlassen.

Vor dem großen Dom trafen sie aufeinander. Die Landesherrin befahl Kriemhild in scharfem Ton, stehen zu bleiben, und sagte hasserfüllt: «Vor der Gemahlin des Königs darf eine unfreie Dienstfrau nicht den Vortritt haben.» Zornig entgegnete die schöne Kriemhild: «Hättest du doch geschwiegen, es wäre gut für dich gewesen. Du selbst hast doch deinen schönen Leib geschändet. Wie könnte denn ein Vasallenliebchen jemals die Frau eines Königs werden?» «Wen hast du hier Liebchen genannt?», fragte die Königin.

«Dich», antwortete Kriemhild, «denn deinen jungfräulichen Leib liebte Siegfried als Erster, mein geliebter Mann. Es war nicht etwa mein Bruder, der dich entjungferte. Wo blieb dein Verstand? Es war eine böse List! Warum hast du dich mit ihm eingelassen, wenn er zu deinen Dienstmannen gehört? Du klagst», fuhr Kriemhild fort, «völlig grundlos.» «Weiß Gott», drohte Brünhild, «das werde ich Gunther erzählen.» «Was kümmert mich das? Dein Größenwahn hat dich verführt. Du hast mich mit deinen Worten zu deiner Dienstfrau gemacht. Sei ganz sicher, diese Beleidigung werde ich niemals vergessen. Mit dir wird es für mich keine Gemeinsamkeit mehr geben.»

Brünhild weinte. Kriemhild verweilte nicht länger; vor der Frau des Königs schritt sie mit ihrer Begleitung in den Dom. Großer Hass entstand, strahlende Augen wurden sehr, sehr trüb und nass. Wie viel man Gott diente oder sang, Brünhild erschien die Zeit viel zu lang, denn sie war sehr betrübt. Viele kühne und edle Helden mussten dafür später mit dem Leben bezahlen. Brünhild ging mit ihren Damen vor den Dom und dachte: «Kriemhild, dieses scharfzüngige Weib, muss mir mehr von dem erzählen, was sie mir so lautstark vorgeworfen hat. Hat sich Siegfried dessen gerühmt, dann geht es ihm ans Leben.»

Nun kam die edle Kriemhild heraus, mit vielen kühnen Männern. Frau Brünhild befahl: «Steht still! Ihr habt mich ein Vasallenliebchen genannt, das müsst ihr beweisen. Eure Sprüche, wisst Ihr, haben mich schwer beleidigt.» Da antwortete Frau Kriemhild: «Ihr solltet mich gehen lassen. Ich beweise es mit dem goldenen Ring an meiner Hand. Den brachte mir mein Liebster, nachdem er als Erster bei Euch gelegen hatte.» Brünhild hatte noch keinen schlimmeren Tag erlebt. Sie erwiderte: «Dieses edle Gold wurde mir gestohlen, allzu lange wurde es bösartig vor mir verborgen. Ich finde heraus, wer es mir gestohlen hat.» Beide Frauen waren in großen Zorn geraten. Kriemhild entgegnete: «Ich will nicht als Diebin dastehen. Läge dir an deiner Ehre, dann hättest du besser den Mund gehalten. Dass ich nicht lüge, beweise ich mit dem Gürtel, den ich hier trage: Ja, mein Siegfried wurde dein ‹Mann›.» Sie trug den Gürtel aus Seide von Ninive, mit Edelsteinen besetzt. Er war in der Tat sehr kostbar. Als Brünhild ihn erblickte, begann sie zu weinen.

Dies sollten Gunther und alle burgundischen Lehnsmänner erfahren. Die Königin befahl: «Holt den Fürsten vom Rhein herbei. Ich werde ihm berichten, wie mich seine Schwester verhöhnt hat. Sie behauptet in aller Öffentlichkeit, ich sei Siegfrieds Liebchen gewesen.» Der König kam mit Gefolge und sah seine Liebste weinen. Liebevoll sprach er zu ihr: «Sagt mir, liebe Frau, wer hat Euch etwas angetan?» Brünhild antwortete dem König: «Ich bin sehr niedergeschlagen. Deine Schwester wollte mich meiner ganzen Ehre berauben. Dies sei dir geklagt: Sie behauptet, Siegfried, ihr Mann, habe mit mir Ehebruch getrieben.» Da entgegnete Gunther: «Damit würde sie Unheil anrichten.» «Sie trägt hier meinen Gürtel», fuhr Brünhild fort, «den ich verloren habe, und meinen goldenen Ring. Es betrübt mich sehr, dass ich je das Licht der Welt erblickte, es sei denn, du, König, reinigst mich durch einen Eid von der ungeheuren Schande. Dann stünde ich stets in deiner Schuld.»

Da befahl König Gunther: «Der Held aus den Niederlanden möge herkommen! Hat er sich dessen gerühmt, so soll er gestehen oder es widerrufen.» Kriemhilds Liebsten ließ man unverzüglich herbeiholen. Als Herr Siegfried, der nicht wusste, was geschehen war, die betrübten Menschen sah, fragte er spontan: «Weshalb weinen diese Damen? Aus welchem Grund hat der König nach mir geschickt? Das wüsste ich gerne.» König Gunther antwortete: «Ja, es tut mir sehr leid, aber meine Frau Brünhild hat mir erzählt, du hättest dich gerühmt, ihren jungfräulichen Leib als Erster besessen zu haben. Dies behauptet Kriemhild, deine Frau.» Da antwortete der tapfere Siegfried: «Wenn sie das gesagt hat, wird es ihr leidtun, ehe ich es auf sich beruhen lasse. Vor allen deinen Lehnsmännern will ich dir mit meinen hohen Eiden bekräftigen, dass ich es ihr nicht gesagt habe.» Der König vom Rhein erklärte: «Dies sollst du tun. Der Eid, den du leistest, der soll hier geschehen; von allen falschen Vorwürfen werde ich dich freisprechen.» Da befahl man den stolzen Burgundern, einen Ring zu bilden, um Recht zu sprechen. Der kühne Siegfried erhob die Hand, um den Eid zu leisten. Darauf sprach der mächtige König: «Ich erkenne Eure völlige Unschuld so gut, dass ich Euch von dem freisprechen will, dessen Euch meine Schwester bezichtigt – Ihr habt es nicht getan.» Siegfried wiederum verkündete: «Wenn meine Frau nicht dafür bestraft würde, dass sie Brünhild betrübt hat, so täte mir das unendlich leid.» Die edlen und tüchtigen Ritter sahen sich an; der Mann Siegfried meinte: «Man soll Frauen so führen, dass sie liederliche Reden bleiben lassen. Verbiete es deiner Frau, ich tue es der meinen. Ich schäme mich aufrichtig für ihr äußerst plumpes Benehmen.»

Manche schöne Frau redete nun nicht mehr mit der anderen. Brünhild trauerte so von Schmerzen erfüllt, dass es Gunthers Männer erbarmte. Da ging Hagen von Tronege zu seiner Herrin und fragte, was ihr fehle. Sie weinte und erzählte ihm, was geschehen war. Er gelobte ihr ohne Zögern, dass Kriemhilds Mann dafür bezahlen müsse, sonst würde er, Hagen, niemals wieder Freude empfinden können. Ortwin und Gernot kamen zu dem Gespräch hinzu. Da berieten die Helden Siegfrieds Tod. Auch Giselher erschien, der edlen Ute Sohn. Nachdem er ihr Gespräch gehört hatte, sagte er treu: «Ihr edlen Ritter, warum habt ihr das vor? Siegfried verdient doch keinen derartigen Hass, dass er sein Leben verlieren müsste. Frauen geraten doch sehr leicht über etwas in Rage.» «Sollen wir Kuckucke aufziehen?», erwiderte Hagen, «das bringt so edlen Kriegern wenig Ehre ein. Wenn es ihm nicht ans Leben geht, will ich sterben, weil er sich gerühmt hat, meine liebe Herrin besessen zu haben.» Da antwortete der König selbst: «Er hat uns nichts angetan, nur Besitz und Ehre hat er uns eingebracht. Man soll ihn leben lassen. Was nützte es, wenn ich den Helden nun hasste? Er war uns immer treu, und er war es freiwillig.» Held Ortwin von Metz sprach: «Seine große Stärke wird ihm nicht helfen. Erlaubt es mir, mein Herr, dann werde ich ihm Leid antun.» Damit hatten ihm die Männer eine unrechte Fehde angesagt. Niemand verfolgte diese allerdings weiter. Nur Hagen riet Ritter Gunther immer wieder, dass ihm viele Königreiche untertan sein würden, wenn Siegfried nicht mehr lebte. Gunther wurde darüber traurig.

Sie ließen es dabei bewenden. Man vergnügte sich wieder. Hei, wie viele starke Lanzen vor dem Dom brachen, vor Siegfrieds Frau, als sie zum Palas schritt. Viele von Gunthers Männern ärgerten sich darüber. Der König sprach: «Gebt den wütenden Gedanken an einen Mord auf. Siegfried ist zu unserem Heil und zu unserer Ehre geboren. Außerdem ist der überaus kühne Mann so grimmig stark, wenn er etwas merken würde, dann hätte doch niemand den Mut, gegen ihn anzutreten.» «Nein, er wird nichts merken», entgegnete Hagen, «Ihr braucht nichts zu sagen; ich traue mir zu, es in aller Heimlichkeit so gut auszuführen, dass ihm Brünhilds Weinen leidtun wird. Ja: Von Hagen wird ihm ewige Fehde angesagt.» Da fragte König Gunther: «Wie kann das gehen?» Hagen antwortete: «Ich will es Euch sagen: Wir lassen Boten zu uns ins Land reiten, die hier niemand kennt, und öffentlich eine Fehde ankündigen. Dann erklärt Ihr vor den Fremden, dass Ihr und Eure Lehnsmänner eine Heerfahrt unternehmen werdet. Wenn das getan ist, wird Siegfried bestimmt vorschlagen, Euch helfen zu wollen. Auf diese Weise wird er sein Leben verlieren, und ich erfahre von der Frau des kühnen Helden, wo er verwundbar ist.» Es war schlimm, dass der König seinem Vasallen Hagen folgte! Die beiden hervorragenden Ritter leiteten einen großen Betrug in die Wege. Viele Helden starben wegen des Streits zweier Frauen.

15. AVENTÜRE
DER VERRAT AN SIEGFRIED

Am vierten Morgen ritten zweiunddreißig Männer an den Hof. Dem mächtigen Gunther wurde die Fehde angesagt. Aus dieser Lüge entstand den beiden Herrinnen das allergrößte Leid. Die Boten erhielten die Erlaubnis, vor den König zu treten, und sie sagten, sie seien Lüdegers Männer, den Siegfried einst besiegt und als Geisel in Gunthers Reich gebracht hätte. Dieser begrüßte die Boten und bot ihnen Platz an. Einer ergriff das Wort: «Herr, lasst uns stehen, bis wir die Botschaft, die uns aufgetragen ist, verkündet haben, denn wisst, Ihr habt vieler Mütter Söhne zu Feinden. Lüdegast und Lüdeger, denen Ihr einst fürchterlichen Schmerz zugefügt habt, erklären Euch den Krieg. Sie wollen mit einem Heer in Euer Land einreiten.» Der König zürnte, als er dies hörte. Dann ließ man die Verräter zu ihren Herbergen reiten. Wie hätte sich Herr Siegfried oder jemand anders vor dem schützen können, was Hagen und Gunther planten? Daraus erwuchs ihnen allerdings selbst später großes Leid.

Der König besprach sich immer wieder heimlich mit seinen Vertrauten. Hagen von Tronege gab keine Ruhe. Es fanden sich noch genug Lehnsmänner des Königs, die ihn von dem Mord abhalten wollten, aber Hagen wollte auf keinen Fall von seinem Vorschlag abrücken. Siegfried, der Held aus den Niederlanden, traf sie eines Tages bei ihren heimlichen Gesprächen und fragte: «Warum ist der König mit seinen Vasallen so bekümmert? Wenn ihnen jemand etwas angetan hat, helfe ich, es zu rächen.» Da antwortete Herr Gunther: «Ich habe Grund zur Sorge. Lüdegast und Lüdeger haben mir die Fehde angesagt und wollen offenbar in mein Reich einfallen.» Da entgegnete der kühne Krieger: «Das wird Siegfried ehrenvoll für Euch und zuverlässig verhindern. Ich behandle die Kämpfer wie schon einmal und verwüste, ehe ich mich zurückziehe, ihre Burgen und Länder. Darauf verpfände ich Euch mein Haupt. Ihr und Eure Ritter könnt hier zu Hause bleiben und mich mit denen, die ich besitze, zu ihnen reiten lassen. Ich beweise Euch, dass ich Euch gerne zu Diensten bin, und wisst, dass ich Euren Feinden schweren Schaden zufügen werde.» «Das höre ich gerne», erwiderte der König, als ob er sich ernsthaft über diese Hilfe gefreut hätte. Scheinheilig verneigte sich der treulose Mann tief. Da sagte Siegfried: «Seid ohne Sorge.»

Als Schau für Siegfried und die Seinen teilten sie die Knechte für die Heerfahrt ein. Siegfried befahl seinen Niederländern sich zu rüsten, die Krieger suchten ihre Kampfgewänder. Der tapfere Siegfried sagte: «Vater Siegmund, bleibt hier, wenn Gott mit uns ist, kommen wir in Kürze wieder an den Rhein zurück. Bleibt frohgemut beim König.» Als ob sie reiten wollten, banden Gunthers Männer die Feldzeichen an, viele kannten den wahren Grund des Aufbruchs nicht. Siegfried war von vielen Kriegern umgeben. Sie banden ihre Helme und ihre Harnische auf den Streitrossen fest; viele tüchtige Ritter aus dem Reich rüsteten sich.

Da begab sich Hagen von Tronege zu Kriemhild, um

sich zu verabschieden: Sie wollten außer Landes ziehen. «Wohl mir», meinte Kriemhild, «dass ich einen Mann habe, der für meine lieben Verwandten so schön sorgt wie mein Herr Siegfried. Darauf bin ich stolz. Hagen, liebster Onkel, erinnert Euch, dass ich Euch gerne diene und noch nie feindlich gesinnt war. Das haltet mir zugute wegen meines lieben Mannes, denn *er* soll nicht dafür bezahlen müssen, wenn *ich* Brünhild gekränkt habe. Das habe ich inzwischen sehr bereut», fuhr die edle Frau fort, «auch hat er mich deshalb mit Prügeln bestraft. Dass ich etwas sagte, das Brünhild bekümmerte, hat der kühne und tapfere Held gut gerächt.» Hagen entgegnete: «Ihr werdet Euch in einiger Zeit wieder versöhnen. Kriemhild, liebe Herrin, sagt mir doch, wie ich Euch dienen kann, damit es Eurem Mann Siegfried nützt. Das würde ich, Herrin, gerne tun, denn ich täte es für keinen lieber.» «Ich wäre ohne Sorge», sprach die edle Frau, «dass ihn jemand im Kampf tötet, wenn er sich nicht von seinem Übermut leiten ließe; denn dann wäre der kühne und edle Krieger immer sicher.» «Herrin», antwortete Hagen, «wenn Ihr befürchtet, dass man ihn verwunden könnte, dann lasst mich wissen, wie ich das klug verhindern kann. Zu seinem Schutz werde ich zu Ross und zu Fuß kämpfen.» Sie sprach: «Du bist mein Verwandter, und ich bin deine Verwandte; ich vertraue dir meinen Liebsten an, damit du ihn, meinen lieben Mann, mir gut beschützt.» Sie erzählte ihm das Geheimnis, das ihr bekannt war, das aber besser verborgen geblieben wäre, und sagte: «Mein Mann ist kühn und sehr stark. Als er den Drachen am Berg erschlagen hatte, badete sich der tüchtige Held in dessen Blut, weshalb ihn in späteren Kämpfen nie eine Waffe verwundete. Dennoch sorge ich mich, dass ich meinen lieben Mann verliere, wenn er im Kampfgetümmel steht und die Krieger viele Speere auf ihn werfen. Ich berichte es dir, lieber Verwandter, im Vertrauen und hoffe, dass sich deine Treue bewährt. Ich zeige dir in der Hoffnung auf Verschwiegenheit die Stelle, an der mein lieber Mann verwundbar ist. Als das heiße Blut aus den Wunden des Drachen floss und sich der kühne, edle Ritter darin badete, da fiel ihm ein sehr breites Lindenblatt zwischen die Schulterblätter. Dort kann man ihn verwunden, deshalb mache ich mir große Sorgen.» Da erwiderte Hagen von Tronege: «Näht ein kleines Zeichen auf sein Gewand, denn dann weiß ich, wo ich Siegfried beschützen muss, wenn wir im Kampf stehen.» Sie hoffte den Helden zu retten, doch es führte zu seinem Tod. Sie erwiderte: «Ich nähe ein kleines, unauffälliges Seidenkreuz auf sein Gewand, dort, Held, sollst du meinen Mann beschützen, wenn es hart auf hart kommt, wenn er in den Kämpfen seinen Feinden gegenübersteht.» «Das tue ich, liebste Herrin», antwortete Hagen. Kriemhild hoffte, es würde Siegfried nützen, doch wurde ihr Mann dadurch verraten. Hagen nahm Abschied und verließ sie frohgemut.

Des Königs Krieger waren bester Stimmung. Ich glaube, einen so großen Verrat wie damals Hagen, als sich Königin Kriemhild auf sein Wort verließ, begeht kein Held mehr. Am folgenden Morgen ritt Herr Siegfried mit seinen tausend Männern in bester Stimmung los. Er dachte, er solle das Leid seiner Freunde rächen. Hagen ritt so nahe bei ihm, dass er seine Kleidung genau anschauen konnte. Als er das Zeichen erkannt hatte, schickte er heimlich zwei seiner Männer fort, die eine neue Botschaft verkünden mussten: Gunthers Reich sollte Frieden haben, Lüdeger hätte sie zum König gesandt. Wie unwillig ritt Siegfried wieder zurück! Er hätte schon gerne die Schmähung seiner Verwandten gerächt. Gunthers Männer konnten ihn kaum zur Umkehr bewegen.

Siegfried ritt zum König, der ihm dankte: «Nun belohne Euch Gott dafür, Siegfried, mein Freund, dass Ihr so bereitwillig getan habt, worum ich Euch gebeten habe. Ich werde das natürlich stets in dankbarer Erinnerung behalten. Vor allen anderen meiner Freunde und Verwandten schenke ich Euch mein Vertrauen. Da wir nun von der Heerfahrt befreit sind, will ich auf Bären- und Wildschweinjagd zum Waschemwald reiten, wie ich es oft schon getan habe.» Dies hatte der treulose Hagen geraten. «Allen meinen Gästen möge man verkünden, dass wir sehr früh ausreiten. Die mit mir jagen wollen, die mögen sich ausrüsten, aber über jene, die hier bleiben möchten, um mit den Damen höfische Geselligkeit zu pflegen, freue ich mich ebenso.» Höflich bemerkte Siegfried: «Wenn Ihr jagen reitet, dann will ich gerne mit Euch. Leiht mir einen Treiber und einen Spürhund, dann werde ich in den Wald reiten.» «Wollt Ihr nur einen Treiber nehmen?», fragte der König, «ich leihe Euch vier, wenn Ihr wollt, die im Wald die Pfade gut kennen, auf denen das Wild wechselt, und die Euch nicht ohne Führung zum Jagdlager reiten lassen.» Da ritt der vergnügte Held zu seiner Frau. Schnell hatte Hagen dem König erzählt, wie er den herausragenden Ritter in seine Gewalt bekommen wollte. Solch große Untreue sollte kein Vasall begehen.

16. AVENTÜRE
SIEGFRIEDS TOD

Die kühnen Helden, Gunther und Hagen, ließen hinterlistig eine Pirschjagd ausrufen. Mit scharfen Speeren wollten sie Wildschweine, Bären und Bisons jagen. Könnte etwas gefährlicher sein? Auch der frohgemute Siegfried begleitete sie. Vielerlei Speise führte man mit zu einer kühlen Quelle. Dort würde Siegfried bald sein Leben verlieren, das hatte Brünhild, König Gunthers Frau, geraten.

Der kühne Ritter ging zu Kriemhild. Seine und seiner Begleiter kostbaren Pirschgewänder waren auf die Saumtiere geladen. Sie wollten über den Rhein, Kriemhild hätte nichts Schlimmeres zustoßen können. Seine Liebste küsste er auf den Mund und sagte: «Gebe Gott, Herrin, dass wir uns gesund wiedersehen. Vertreibe die Zeit mit deinen lieben Verwandten, ich möchte nicht hier bleiben.» Da dachte die edle Königin daran, was sie Hagen offenbart hatte, wagte aber nicht, es zu erzählen, und klagte, dass sie jemals geboren wurde. Hemmungslos weinte Herrn Siegfrieds Frau und flehte ihn an: «Lasst Eure Jagd bleiben. Heute Nacht hatte ich einen schlimmen Traum, wie Euch zwei Eber über die Heide jagten und die Blumen rot wurden. Weil mich das so sehr belastet, muss ich heftig weinen. Ich fürchte mancherlei böse Ratschläge von Leuten, die man beleidigt hat und die uns hassen. Bleibt, lieber Herr, ich rate es Euch aufrichtig.» Er erwiderte: «Liebste, ich komme in wenigen Tagen zurück. Ich kenne hier niemanden, der mich hasst. Alle deine Verwandten schätzen mich, ich habe es von ihnen auch nicht anders erwartet.» «O nein, Herr Siegfried! Ich fürchte deinen Tod. Schlimmes träumte mir heute Nacht: Zwei Berge stürzten auf dich herab, sodass ich dich nicht mehr sehen konnte. Verlässt du mich, so tut mir das im Herzen weh.» Er umarmte die tugendhafte Frau. Mit liebevollen Küssen bedeckte er ihren schönen Leib. Kurz darauf nahm er Abschied und ging. Zu ihrem großen Leid hat Kriemhild ihn danach nicht mehr lebend gesehen.

Viele tapfere Ritter folgten Gunther und seinen Männern und ritten mit ihnen, um sich bei der Jagd zu vergnügen, in den tiefen Wald. Gernot und Giselher blieben zu Hause. Viele beladene Rosse waren vor ihnen über den Rhein gebracht worden, die für die Jagdgesellschaft Brot und Wein sowie Fleisch und Fische und manch andere Nahrung trugen, die ein reicher König nun einmal besitzt. Vor dem grünen Wald auf einer breiten Ebene oberhalb der Sümpfe, wo die stolzen, kühnen Jäger jagen konnten und das Wild herauskommen sollte, ließen sie das Lager aufschlagen. Auch Siegfried war gekommen, dies wurde dem König gemeldet.

Die Jäger besetzten die Hochsitze. Da fragte der tüchtige Siegfried, der mutige Mann: «Wer wird uns im Wald das Wild zeigen, ihr kühnen und tapferen Männer?» «Wollen wir uns trennen», fragte Hagen, «bevor wir zu jagen beginnen? So können meine Herren und ich erkennen, wer die besten Jäger bei diesem Kriegszug im Wald sind. Die Leute und die Hundemeute werden wir teilen, dann wende sich jeder dorthin, wohin er gerne möchte. Wer dann am besten jagt, soll den Kampfpreis erhalten.» Da blieben die Jäger nicht mehr lange beieinander. Herr Siegfried meinte: «Ich brauche keine Hunde, nur einen Spürhund, der die Fährten der Tiere im Wald verfolgen kann. Dann werden wir gut jagen.»

Da nahm ein alter Jäger einen guten Spürhund und führte Siegfried in kurzer Zeit zu vielen Tieren, von denen sie, wie gute Jäger, alle erlegten, die aus ihren Verstecken aufsprangen. Alle, die der Bracke aufstöberte, erschlug der kühne Siegfried, der Held aus den Niederlanden, mit eigener Hand, denn sein Ross lief so schnell, dass keine entkamen. Von allen Jagdteilnehmern gewann er den Preis, denn er war in jeder Hinsicht kräftig genug. Das Tier, das er als Erstes eigenhändig totschlug, war ein kräftiges junges Wildschwein, bald darauf traf er auf einen riesigen Löwen. Als der Bracke ihn aufgescheucht hatte, erschoss Siegfried ihn mit dem Bogen, in den er einen scharfen Pfeil eingelegt hatte. Nach diesem Schuss machte der Löwe nur noch drei Sprünge. Die Jagdgesellen dankten Siegfried. Darauf erschlug er rasch einen Bison und einen Elch, vier kräftige Auerochsen und einen furchterregenden großen Hirsch. Sein Ross trug ihn so schnell, dass ihm nichts entkam, Hirsche und Hirschkühe konnten ihm nicht entfliehen. Einen großen Eber spürte der Hund auf. Als er floh, eilte der Meister der Jagd herbei und griff ihn auf der Fährte an. Zornig rannte das Schwein den kühnen Helden, Kriemhilds Mann, an, der ihn mit dem Schwert erschlug. Das hätte kein anderer Jäger so professionell fertiggebracht. Als man den Eber gefällt hatte, fing man den Spürhund ein, und die Burgunder sahen Siegfrieds reiche Jagdbeute. Da sagten seine Jäger: «Herr Siegfried, wenn es möglich ist, so lasst uns einige Tiere am Leben. Ihr leert uns heute den Berg und den Wald.» Darüber schmunzelte der kühne und tapfere Mann.

Da hörten sie überall Lärm und Getöse. Der Krach von Leuten und Hunden war so groß, dass Berg und Wald das Echo zurückwarfen. Vierundzwanzig Meuten hatten die Jäger losgelassen, viele Tiere mussten sterben, und diese Jäger glaubten, man müsse ihnen den Jagdpreis zusprechen. Doch das ging nicht, solange der tüchtige Siegfried nicht am Lagerfeuer erschien. Die Jagd war fast zu Ende, und wer zum Lagerfeuer wollte, brachte viele Felle und reichlich Wild mit. Hei, wie viel man in die königliche Küche trug! Der König ließ den hervorragenden Jägern verkünden, dass er das Mahl einzunehmen wünsche. Dazu wurde ein Horn einmal laut geblasen, sodass sie wussten, dass der edle Fürst im Jagdlager war.

Ein Jäger Siegfrieds bemerkte: «Herr, ich habe den Klang eines Horns gehört, wir müssen nun zum Lager zurückkehren, ich will darauf antworten.» Mit vielen Hornsignalen wurden die Jagdgesellen zusammengerufen. Herr Siegfried antwortete: «Jetzt sollten auch wir den Wald verlassen.» Ruhig trug ihn sein Ross, die Jäger folgten ihm eilig. Mit ihrem Lärm schreckten sie ein grässliches Tier auf, einen wilden Bären. Da drehte sich Siegfried um und sagte. «Ich werde uns Jagdgenossen einen tollen Spaß bereiten. Lasst den Bracken los, denn ich sehe einen Bären, der muss mit uns zum Lager. Wenn er nicht schnell davonläuft, hat er keine Chance. Der Bracke wurde losgelassen, der Bär sprang davon. Kriemhilds Gemahl wollte ihn mit dem Pferd nachsetzen, doch es ging nicht, weil er in eine Bergschlucht kam. Das kräftige Tier glaubte vor dem Jäger gerettet zu sein, doch der stolze, edle Ritter sprang von seinem Ross und rannte ihm nach. Der Bär war schutzlos und konnte ihm nicht entkommen. Der Held fing ihn ein, ohne sich zu verwunden, und fesselte den Bären sogleich, sodass dieser ihn nicht kratzen und beißen konnte. Dann band ihn der kühne und edle Held am Sattel fest und brachte ihn froh gelaunt zum Lagerfeuer, um dort für Spaß zu sorgen.

Oh, wie herrlich ritt er zum Lager! Sein Speer war groß, stark und breit. Sein reich verziertes Schwert reichte ihm bis an die Sporen, und ein schönes Horn aus kostbarem Rotgold trug er bei sich. Nie erzählte man mir von einem besseren Pirschgewand. Er trug einen Rock aus schwarzer Seide und eine sehr kostbare Kopfbedeckung aus Zobelpelz. Und erst der reiche Besatz an seinem Köcher! Dieser war nämlich wegen des angenehmen Duftes mit einem Pantherfell überzogen. Einen Bogen führte Siegfried mit sich, den man mit einer Winde hätte spannen müssen, wenn man es nicht, wie Siegfried, selbst konnte. Dessen Gewand war aus Seehundsfell, von oben bis unten verziert, denn aus dem hellen Fell leuchteten auf beiden Seiten des kühnen Jägers zahlreiche Goldspangen hervor. Er trug Balmung, das reich verzierte, breite Schwert bei sich, das so scharf war, dass es seine Wirkung nicht verfehlte, wenn man es auf einen Helm schlug. Seine Schneiden waren einwandfrei. Der herrliche Jäger war bester Laune. Wenn ich Euch alles erzählen soll, dann muss ich noch erwähnen, dass sein edler Köcher voller guter Pfeile war. Deren Röhren, womit die Spitzen befestigt waren, die Tüllen, waren aus Gold, die Schneiden gut handbreit. Was er damit verwundete, kam schnell zu Tode. So ritt der edle Ritter sehr weidmännisch einher.

Gunthers Männer sahen ihn kommen, sie liefen ihm entgegen und wollten sich um sein Pferd kümmern. Doch er führte ja am Sattel einen großen und kräftigen Bären mit, und als er vom Ross abgesessen war, löste er diesem die Fesseln an den Läufen und am Maul. Da bellte sofort die Hundemeute, die den Bären sah, laut auf. Das Tier wollte zum Wald, die Leute bekamen es mit der Angst zu tun. Von dem Lärm aufgeschreckt, sprang der Bär durch die Küche. Hei, wie er die Küchenjungen vom Feuer verjagte! Viele Kessel wurden umgestoßen, manche Herdstelle zerstört. Ach, wie viele gute Speisen in der Asche lagen! Die Herren und ihre Männer sprangen von ihren Lagern auf. Der Bär wurde wütend, der König ließ die ganze Hundemeute los, die angeseilt war. Wäre es gut ausgegangen, hätten sie einen lustigen Tag gehabt. Unverzüglich liefen die Tapferen mit Bogen und Spießen dem Bären nach. Es waren aber so viele Hunde da, dass niemand schoss. Vom Lärm der Leute hallte das ganze Gebirge wider. Der Bär floh vor den Hunden, nur Kriemhilds Gemahl konnte ihm folgen. Dieser erreichte ihn mit dem Schwert und schlug ihn zu Tode. Danach trug man den Bären zum Feuer zurück. Alle, die das gesehen hatten, meinten, er sei ein starker Kerl.

Man bat die stolzen Jagdgesellen zu Tisch, zahlreich saßen sie auf der schönen Wiese. Oh, welche vorzüglichen Speisen den edlen Jägern aufgetragen wurden! Die Schenken aber, die den Wein bringen sollten, kamen nicht herbei. Besser konnte niemand bedient werden, und wären die Männer nicht so voller Falschheit gewesen, dann wären sie ohne Schande geblieben.

Herr Siegfried bemerkte: «Es wundert mich schon, warum uns die Schenken keinen Wein bringen, während die Küche doch so viel Essen ausgibt. Wenn man sich nicht besser um die Jäger kümmert, möchte ich keiner sein. Ich hätte es wirklich verdient, dass man mir mehr Aufmerksamkeit schenken würde.» Der König verstellte sich und sagte von seinem Tisch aus: «Man wird Euch das Fehlende gerne ersetzen. Daran ist Hagen schuld, der würde uns am liebsten verdursten lassen.» Da antwortete Hagen von Tronege: «Liebster Herr, ich dachte, die heutige Pirschjagd fände im Spessart statt, deshalb habe ich den Wein dorthin schicken lassen. Wenn wir auch heute ohne Getränke bleiben, werde ich das nächste Mal bestens dafür sorgen.» Da erwiderte Siegfried: «Verdammt noch mal! Man hätte mir sieben große Maß Met und Rotwein herbringen sollen. Da dies nun nicht sein konnte, hätte man näher am Rhein lagern sollen.» Da antwortete Hagen von Tronege: «Ihr edlen, kühnen Ritter, ich kenne in der Nähe eine kühle Quelle, dahin können wir gehen, damit ihr nicht ärgerlich seid.» Dieser Vorschlag würde später viele Krieger in große Gefahr bringen.

Ritter Siegfried quälte der Durst, umso eher ließ er die Tafel aufheben. Er wollte zur Quelle vor den Bergen gehen. Arglistig hatten die Männer den Vorschlag gemacht. Die Tiere, die Siegfried getötet hatte, ließ man auf Wagen nach Hause bringen. Jeder ehrte ihn, der sie sah. Hagen von Tronege brach Siegfried gegenüber schmählich sein Wort. Als sie zu der breit ausladenden Linde wollten, sagte er: «Oft habe ich gehört, dass niemand Kriemhilds Gemahl, wenn er rennt, folgen könne. Wenn er uns dies doch beweisen könnte!» Da antwortete der kühne Siegfried aus den Niederlanden: «Das könnt Ihr gerne versuchen, wenn Ihr mit mir um die Wette zur Quelle laufen wollt. Den Gewinner soll man anschließend als Sieger feiern.» «Das wollen wir versuchen», sprach der Mann Hagen. Siegfried meinte: «Dann werde ich mich jetzt vor Eure Füße ins Gras niederknien.» Als Gunther dies hörte, freute er sich sehr darüber. Der kühne Siegfried fuhr fort: «Noch etwas: Meine ganze Ausrüstung werde ich bei mir tragen, Speer, Schild und mein komplettes Pirschgewand.» Köcher und Schwert hatte er schnell umgebunden. Dann legten Hagen und Gunther die Kleider ab, in zwei weißen Hemden standen beide da, und wie zwei wilde Panther rannten sie durch den Klee, doch der kühne Siegfried erreichte die Quelle als Erster. In jeder Hinsicht übertraf er alle Männer.

Schnell löste Siegfried das Schwert, legte den Köcher beiseite und lehnte den starken Speer an den Ast der Linde. Am Lauf der Quelle stand der herrliche Gast. Siegfrieds Höflichkeit war sehr groß, denn er legte den Schild am Fluss der Quelle nieder, und wie sehr ihn auch dürstete, er trank nicht, bevor nicht der König getrunken hatte. Der würde ihm in übler Weise danken. Die Quelle war kühl, klar und gut. Gunther neigte sich zum Wasser nieder, und als er getrunken hatte, entfernte er sich. Dies hätte auch Siegfried gerne getan, doch er musste für sein gutes Benehmen büßen, denn Hagen trug Bogen und Schwert von ihm fort. Dann rannte er zurück zum Speer und suchte das Kreuz am Gewand des kühnen Mannes.

Als Herr Siegfried über der Quelle trank, schoss Hagen durch dieses Kreuz, sodass aus der Wunde das Herzblut auf seine eigene Kleidung spritzte. Eine solch schändliche Tat begeht kein Mann mehr. Den Speer ließ er im Herzen stecken. So überstürzt war Hagen noch nie vor einem Mann geflohen, denn als sich Herr Siegfried der großen Wunde bewusst wurde, sprang er wütend von der Quelle auf. Der lange Speer ragte aus seinem Herzen, der Fürst hoffte Bogen oder Schwert zu finden, denn dann wäre Hagen nach Verdienst belohnt worden. Als der Todwunde das Schwert nicht fand, da besaß er nur noch den Schild. Den riss er von der Quelle hoch und rannte Hagen an. Gunthers Vasall konnte ihm nicht entkommen. Obwohl Siegfried todwund war, schlug er so kraftvoll zu, dass viele Edelsteine aus dem Schild herausbrachen, der dann völlig zerbarst. Gerne hätte sich der herrliche Gast gerächt. Er hatte Hagen zum Straucheln gebracht; von der Kraft des Schlages dröhnte die Ebene. Hätte Siegfried sein Schwert gehabt, wäre es Hagens Tod gewesen, so heftig wütete der Verwundete, er hatte keine andere Wahl.

Er wurde bleich, konnte sich nicht mehr aufrecht halten. Die Kraft seines Leibes zerfiel, denn in lichter Schönheit trug er des Todes Zeichen. Bald darauf wurde er von vielen schönen Frauen beweint. Da stürzte Kriemhilds Gemahl in die Blumen. Das Blut strömte aus seiner Wunde, und er verfluchte in seinem großen Schmerz die, die verräterisch seinen Tod beschlossen hatten. Der Todwunde sprach: «Weiß Gott, ihr bösen Feiglinge, was nützen mir nun meine Dienste, wenn ihr mich doch erschlagen habt? Ich war euch immer treu ergeben, dafür büße ich jetzt. Ihr habt euer ganzes Geschlecht in Verruf gebracht, denn selbst die, die von jetzt an geboren werden, sind durch diese Tat geschändet. Ihr habt euren Zorn über mich zu heftig gerächt. Mit Schande sollt ihr von edlen Helden geschieden sein!»

Die Ritter liefen alle zu dem Erschlagenen, für viele war es ein freudloser Tag. Die, die noch Treue besaßen, beklagten ihn, das hatte der kühne und aufrechte Mann wirklich verdient. Auch der König aus Burgund beklagte seinen Tod, doch der Todwunde sprach: «Es ist nicht notwendig und würde besser unterlassen, dass der den Verlust beweint, der ihn herbeigeführt hat, denn der verdient eher, geschmäht zu werden.»

Zum König sagte der finstere Hagen: «Ich weiß gar nicht, warum Ihr klagt. Nun hat alles ein Ende, unsere Sorge und unser Leid. Wir finden nun niemanden mehr, der gegen uns zu kämpfen wagte. Es ist gut, dass ich seine Herrschaft beendet habe.» «Ihr könnt Euch leicht rühmen», bemerkte Siegfried, «hätte ich Euren Mordplan gekannt, so hätte ich mein Leben sicherlich Euch gegenüber gut behauptet. Niemand tut mir jetzt so leid, wie meine Gemahlin Kriemhild; und dass ich einen Sohn habe, dem man später vorwerfen wird, dass seine Verwandten jemanden hinterhältig ermordet haben, das möge Gott erbarmen. Könnte ich es», fuhr Siegfried fort, «ich würde es angemessen beklagen.» Mitleiderregend bat der vom Tod Gezeichnete: «Wollt Ihr, edler König, einem Menschen auf dieser Welt Treue schenken, dann lasst Euch meine liebliche Gemahlin auf Schutz und Gnade anvertraut sein. Lasst sie Nutzen davon haben, dass sie Eure Schwester ist, und steht ihr im Namen aller fürstlichen Tugenden treu zur Seite. Mein Vater und meine Lehnsmänner werden lange nach mir ausschauen müssen. Noch nie erlitt eine Frau größeren Schmerz durch das Schicksal ihres lieben Mannes.»

Überall wurden die Blumen nass vom Blut. Siegfried rang mit dem Tod. Das dauerte nicht lange, denn das Schwert des Todes schnitt schmerzlich wie immer. Da konnte der kühne und einst lebensfrohe Mann nicht mehr reden. Als die Herren sahen, dass der Held tot war, legten sie ihn auf einen rotgoldenen Schild und beratschlagten, wie man Hagens Tat verheimlichen könnte. Viele sagten: «Das ist eine üble Geschichte, ihr müsst alle darüber schweigen und dürft gemeinsam nur Folgendes sagen: Als Kriemhilds Mann allein jagend durch den Wald ritt, da erschlugen ihn Räuber.» Hagen von Tronege meinte: «Ich bringe ihn nach Hause. Mir ist ziemlich gleichgültig, wenn Kriemhild es erfährt, die Brünhild so sehr betrübt hat. Es kümmert mich sehr wenig, wie viel sie weint.»

17. AVENTÜRE
DIE TOTENKLAGE UND SIEGFRIEDS BEGRÄBNIS

Sie warteten bis die Nacht hereinbrach und setzten über den Rhein. Niemals hätten Männer eine schlimmere Jagd veranstalten können. Das Tier, das sie erlegten, würden edle Menschen beweinen, und in der Tat mussten dafür später viele gute Kämpfer büßen. Von unglaublicher Selbstüberschätzung und von fürchterlicher Rache hört ihr jetzt erzählen.

Den toten Siegfried aus dem Nibelungenland ließ Hagen zu Kriemhilds Kemenate tragen und heimlich vor deren Tür legen, damit sie ihn finden würde, wenn sie vor Tagesanbruch zur Morgenmesse ging, die sie nie versäumte. Als der Dom, wie üblich, läutete, weckte Frau Kriemhild, die Schöne, ihre jungfräulichen Dienerinnen und bat, ihr ein Licht und das Gewand zu bringen. Da kam ein Kämmerer und fand Siegfried; er war rot vom Blut, und sein Gewand war durchnässt. Der Kämmerer wusste nicht, dass dies sein Herr war, und trug das Licht zur Kemenate. Von ihm erfuhr Frau Kriemhild die schmerzliche Nachricht, denn als sie mit ihren Damen zum Dom gehen wollte, sagte er: «Wartet! Vor diesem Gemach liegt ein tot geschlagener Ritter.» Da begann Kriemhild ungewöhnlich heftig zu klagen. Noch bevor sie wusste, dass es ihr Mann war, dachte sie an Hagens Frage, wie er diesen schützen könne. Da erst traf sie das ganze Leid, und mit seinem Tod schwor sie aller Freude ab. Sie sank zur Erde nieder und sagte kein Wort. So lag die schöne Freudlose da. Kriemhilds Leid stieg ins Unermessliche. Nach ihrer Ohnmacht schrie sie so laut auf, dass die ganze Kemenate dröhnte.

Eine Dienerin fragte: «Was, wenn es ein Fremder ist?» Vor Herzeleid schoss Kriemhild plötzlich das Blut aus dem

Mund, und sie sagte: «Es ist Siegfried, mein heißgeliebter Mann. Brünhild hat es geraten, Hagen hat es getan.»

Die Dame ließ sich zu dem Helden führen und nahm sein schönes Haupt in ihre schneeweißen Hände. Obwohl es blutüberströmt war, erkannte sie ihn sofort. Jämmerlich lag dort der Held aus dem Nibelungenland, traurig rief die barmherzige Königin: «Ach, welcher Schmerz! Dein Schild wurde dir nicht mit Schwertern zerhauen, du wurdest ermordet. Wüsste ich, wer es getan hat, ich würde alles daransetzen, ihn zu töten.» Gemeinsam mit ihrer lieben Herrin klagte und schrie die Dienerschaft, denn sie empfand tiefe Trauer um ihren edlen Herrn, den sie nun verloren hatte. Hagen hatte Brünhilds Zorn schwer gerächt.

Die leiderfüllte Kriemhild befahl: «Ihr Kämmerer, geht und weckt schnell Siegfrieds Gefolgsleute auf. Berichtet auch Siegmund von meinem Schmerz und fragt, ob er mir helfen möchte, den kühnen Siegfried zu beklagen.» Da eilte ein Bote zu Siegfrieds Helden aus dem Nibelungenland. Die Trauerbotschaft raubte ihnen die Freude, und sie wollten sie nicht glauben, bis man das Weinen hörte. Der Bote eilte auch zu König Siegmund, der keinen Schlaf gefunden hatte. Ich glaube, sein Herz sagte ihm, was geschehen war, dass er nämlich seinen lieben Sohn niemals mehr lebend sehen würde. «Wacht auf, Herr Siegmund!», rief der Bote, «meine Herrin Kriemhild bat mich, zu Euch zu kommen. Ein Leid hat sie getroffen, das ihr wie kein anderes ans Herz geht. Helft es zu beklagen, denn es wird auch Euch schmerzlich bedrücken.» Siegmund erhob sich und fragte: «Von welchen Schmerzen der schönen Kriemhild sprichst du?» Weinend antwortete der Bote: «Ich muss es Euch sagen, der kühne Siegfried aus den Niederlanden wurde erschlagen.» Herr Siegmund entgegnete: «Ich bitte Euch, scherzt nicht mit einer so bösen Nachricht und erzählt nicht, Siegfried sei erschlagen worden, denn ich könnte seinen Verlust vor meinem Tod niemals verschmerzen.» «Wenn Ihr mir nicht glaubt», erwiderte der Bote, «was ich berichte, dann könnt Ihr selbst Kriemhild und ihr Gesinde Siegfrieds Tod beklagen hören.» Da erschrak Siegmund heftig, wozu er allerdings auch allen Anlass hatte. Er und seine hundert Männer sprangen aus ihren Betten und ergriffen ihre langen scharfen Schwerter. Von tiefem Schmerz erfüllt liefen sie auf das Wehklagen zu, auch Siegfrieds tausend Ritter kamen herbei. Als sie die Herrin so jammervoll klagen hörten, glaubten einige, es wäre gut, sich erst einmal ordentlich zu kleiden, denn sie waren besinnungslos vor Schmerz, und großer Kummer grub sich in ihr Herz.

Als König Siegmund zu Kriemhild kam, klagte er: «Weh über die Reise in dieses Land. Wer hat mich meines Kindes und Euch Eures Mannes bei so guten Freunden durch einen solchen Mord beraubt?» «Ach, wenn ich den kennen würde», erwiderte die edle Frau, «ich würde ihn zutiefst hassen und ihm solchen Schmerz zufügen, dass seine Freunde und Verwandten, durch mich veranlasst, ewig weinen müssten.» Herr Siegmund umarmte Siegfried, den Fürsten. Das Wehklagen seiner Freunde schwoll so an, dass der ganze Palas mit der großen Halle und auch die Stadt Worms von dem lauten Weinen widerhallten. Niemand vermochte Siegfrieds Gemahlin zu trösten.

Man befreite den schönen Leichnam von den Kleidern, wusch seine Wunden aus und legte ihn auf eine Bahre. Seine Männer ergriff erneut tiefer Schmerz. Die Helden aus dem Nibelungenland erklärten: «Wir sind jederzeit bereit, ihn zu rächen. Der Mörder lebt in dieser Burg!» Alle Männer Siegfrieds eilten zu den Waffen. Die hervorragenden Ritter erschienen mit ihren Schilden, elfhundert Kämpfer, die Herr Siegmund befehligte. Er wollte den Tod seines Sohnes rächen, dazu hatte er allen Anlass. Sie wussten freilich nicht, gegen wen sie kämpfen sollten, es sei denn gegen

Gunther und seine Männer, mit denen Herr Siegfried auf die Jagd geritten war. Kriemhild sah die Bewaffneten, dies brachte sie in große Sorge. Obwohl ihr Schmerz unermesslich und ihr Schade ungeheuer waren, fürchtete sie doch sehr den Tod der Nibelungen durch die Krieger ihrer Brüder, sodass sie den Kampf verhinderte und beruhigend auf sie einwirkte, wie es unter lieben Verwandten üblich ist. Die Schmerzensreiche sagte: «Herr Siegmund, was habt Ihr vor? Vielleicht wisst Ihr nicht, dass Gunther viele kühne Lehnsmänner besitzt. Ihr seid alle verloren, wenn ihr gegen diese Krieger kämpft.»

Mit festgebundenen Helmen beharrten sie auf dem Kampf. Die edle Königin flehte die stolzen Kämpfer an und befahl ihnen, ihre Absicht aufzugeben. Es schmerzte sie, dass sie es nicht tun wollten, und sie fuhr fort: «Herr Siegmund, wartet bis sich eine günstigere Gelegenheit ergibt. Dann werde ich meinen Mann mit Euch zusammen rächen. Wenn mir bewiesen wurde, wer es ist, werde ich den, der ihn mir genommen hat, ins Verderben stürzen. Es gibt hier am Rhein viele verwegene Männer, mit denen zu kämpfen ich Euch nicht raten kann. Gegen einen von Euch stellen sie gut dreißig Mann. Gott gebe ihnen das zurück, was sie uns angetan haben. Bleibt hier und ertragt mit mir das Leid. Wenn es Tag wird, ihr tüchtigen Männer, dann helft mir meinen lieben Mann in den Sarg zu legen.» Da sagten die Helden: «Das tun wir.»

Niemand könnte euch das ungewöhnliche Ereignis genau beschreiben, wie man die Ritter und Damen am Hof klagen hörte, sodass das Wehgeschrei in der ganzen Stadt zu hören war. Die edlen Städter eilten herbei und klagten mit den Gästen, denn sie empfanden großen Schmerz. Niemand hatte ihnen etwas von einer Schuld Siegfrieds erzählt oder gar einen Grund genannt, weshalb der edle Ritter sterben musste. Mit den Damen des Hofes weinten die Frauen der mitfühlenden Bürger. Man beauftrage Schmiede, einen großen und festen Sarg aus Silber und Gold anzufertigen. Diesen ließ man mit starken Spangen aus gutem Stahl versehen. Alle Menschen waren in tiefer Trauer.

Die Nacht war vergangen, der Tag begann. Da ließ die hohe Frau Herrn Siegfried, ihren heißgeliebten Mann, zum Dom tragen. Alle seine Freunde folgten ihm mit Tränen in den Augen. Als sie ihn zum Dom brachten, läuteten die Glocken, überall hörte man den Gesang der Geistlichen. Da kam auch König Gunther mit seinen Vasallen, darunter der grimmige Hagen, zu den Trauernden und sagte: «Liebste Schwester, dein Kummer tut mir weh, und ich bedaure, dass wir diesen großen Verlust nicht vermeiden konnten. Siegfrieds Tod müssen wir aufs Heftigste beklagen.» «Das tut Ihr ohne Grund», sprach die schmerzerfüllte Frau, «täte es Euch wirklich leid, dann wäre es nicht geschehen. Ihr hattet mich vergessen, als ich von meinem lieben Mann getrennt wurde, das weiß ich wohl. Wollte Gott», fuhr sie fort, «wäre es doch mir geschehen.» Sie leugneten heftig, da schlug Kriemhild vor: «Wer unschuldig ist, beweise es öffentlich. Er möge vor die Bahre treten, dann wird man die Wahrheit sehr schnell erkennen.»

Es ist nämlich ein großes Wunder, das noch oft vorkommt: Wenn ein Mörder vor den Toten tritt, dann bluten dessen Wunden. So geschah es auch dort, und dadurch erkannte man Hagens Schuld. Denn Siegfrieds Wunden begannen wieder heftig zu bluten; das Wehklagen schwoll jetzt erneut an. Da verkündete Gunther: «Ich sage Euch die Wahrheit: Räuber erschlugen ihn, Hagen hat es nicht getan.» «Diese Räuber», erwiderte Kriemhild, «kenne ich sehr gut. Gott selbst möge es rächen, und nicht Siegfrieds Freunde. Gunther und Hagen, ihr habt es getan!» Als Siegfrieds Männer den Kampf beginnen wollten, sprach Kriemhild weiter: «Tragt nun mit mir die schwere Last.» Da traten ihre Brüder Gernot und Giselher, das Kind, zu der Leiche. Zusammen mit den anderen beklagten sie Kriemhilds Gemahl aufrichtig und beweinten ihn innig.

Nun kam die Zeit der Messe. Von überall her strömten Frauen, Männer und Kinder zum Dom, und auch die, denen Siegfried weniger bedeutete, beweinten ihn. Gernot und Giselher sagten: «Liebe Schwester, finde dich mit dem Tod ab und tröste dich, es ist doch nicht zu ändern. Wir werden dich dafür entschädigen, solange wir leben.» Niemand auf der ganzen Welt konnte ihr jedoch Trost spenden.

Zur Mittagszeit war der Sarg fertiggestellt. Man nahm Siegfried von der Bahre, worauf er lag, doch die Herrin wollte ihn noch nicht begraben lassen, was alle Leute zutiefst bewegte. Man wickelte den Toten in ein kostbares Tuch. Niemanden, denke ich, sah man dort, der nicht weinte. Von Herzen beklagte Ute, die edle Frau, mit ihrem ganzen Gesinde den schönen Toten.

Als man die Totenmesse im Dom gehört und Siegfried in den Sarg gebettet hatte, begann ein großes Gedränge. Jeder wollte für sein Seelenheil Opfer darbringen. Im Land seiner Feinde besaß er doch viele gute Freunde. Die arme Kriemhild sagte zu den Kämmerern: «Die, die Siegfried schätzten und mir verbunden sind, mögen aus Zuneigung zu mir die Mühen des Beerdigungsritus auf sich nehmen. Für Siegfrieds Seele verteile man Gold unter die Leute!» Jedes noch so junge Kind sah sich, sofern es die Sache schon begreifen konnte, veranlasst hinzugehen, um Kriemhilds Gabe zu opfern. Ehe Siegfried begraben wurde, wurden an diesem Tage mehr als hundert Messen gesungen. Großes Gedränge herrschte unter Siegfrieds Freunden.

Nach dem Gesang zerstreute sich die Menge. Kriemhild sagte: «Ihr dürft mich heute Nacht den großen Helden nicht alleine bewachen lassen. An ihm lag all meine Lebensfreude. Drei Tage und Nächte möchte ich ihn aufgebahrt lassen, bis ich mich von meinem geliebten Gemahl trennen kann. Was wäre, wenn Gott dem Tod gebieten würde, auch mich mitzunehmen? Dann wäre doch alles Leid der armen Kriemhild endlich zu Ende.» Als die Leute aus der Stadt nach Hause gingen, bat sie die Geistlichen und die Mönche sowie die Männer Siegfrieds zu bleiben, um die Totenwache zu halten. Sie hatten eine schlimme Nacht und einen qualvollen Tag, denn viele blieben dort, ohne zu essen und zu trinken.

Wer etwas zu sich nehmen wollte, den ließ Herr Siegmund wissen, dass man ihn beim Leichenschmaus reichlich versorgen werde. Da bekamen die Nibelungen in den folgenden drei Tagen sehr viel zu tun. Wir haben erfahren, dass die, die die Gesänge beherrschten, große Mühen auf sich nahmen. Reichliche Opfergaben brachte man ihnen dafür! Wer zuvor arm gewesen war, wurde nun ziemlich reich. Jene Armen, die gar nichts besaßen, ließ man einen Teil des Goldes aus Siegfrieds Schatzkammern opfern. Weil er nicht mehr lebte, wurden viele tausend Mark für seine Seele gespendet. Einkünfte aus Grundbesitz verteilte sie an die Klöster und die kranken Menschen in den Ländern Burgunds. Den Armen schenkte man reichlich Silber und Kleidung, und Kriemhild zeigte damit, wie sehr sie Siegfried geliebt hatte.

Am dritten Morgen, zur Zeit der Messe, war der große Friedhof beim Dom voller weinender Menschen. Sie erwiesen Siegfried die letzte Ehre, wie man es bei lieben Freunden tun soll. In den vier Tagen, so sagte man, wurden dreißigtausend Mark oder mehr für Siegfrieds Seele an die Armen verteilt. Nichtig waren nun seine große Schönheit und sein hoher Stand. Während des Gottesdienstes, nach der Messe, rang das Volk mit grenzenlosem Schmerz. Man ließ den Toten aus dem Dom zum Grab tragen, wer ihn sehr vermisste, der weinte und klagte. Laut schreiend folgten ihm die Leute, Frauen und Männer waren voll Trauer. Bevor man ihn begrub, wurde noch gesungen und eine Messe gelesen. Ach, so viele hervorragende Priester nahmen an seiner Beisetzung teil!

Bevor Siegfrieds treue Gemahlin zum Grab kam, rang sie mit solchem Schmerz, dass man sie immer wieder mit Wasser besprengte, denn ihr Leid war grenzenlos. Es war ein großes Wunder, dass sie überhaupt am Leben blieb. Viele Frauen standen der klagenden Königin zur Seite, und unvermittelt sagte sie: «Ihr Männer Siegfrieds, tut mir in treuer Verbundenheit einen Gefallen und schenkt mir nach meinem Leid die kleine Freude, dass ich noch einmal sein schönes Haupt sehen kann.» Sie flehte in ihrem Leid so eindringlich, dass man den herrlichen Sarg aufbrechen musste. Man führte die Herrin zu Siegfried. Sie hob mit ihrer schneeweißen Hand das schöne Haupt des Toten an und küsste den edlen, tapferen Ritter. Aus ihren hellen Augen strömten vor Schmerz blutige Tränen, und jammernd nahm sie Abschied. Dann trug man sie fort, denn die herrliche, wunderbare Frau konnte nicht mehr gehen und war ohnmächtig. Vor Leid war sie dem Tode nah.

Als man nun den edlen Herrn zu Grabe getragen hatte, waren alle die, die mit ihm aus dem Nibelungenland gekommen waren, von grenzenlosem Schmerz erfüllt, und auch Siegmund war tieftraurig. Viele nahmen in ihrer Trauer drei Tage lang weder Essen noch Trinken zu sich. Allerdings konnten sie ihren Körper nicht ganz im Stich lassen, weshalb sie sich, wie es noch häufig geschieht, nach ihren Sorgen wieder langsam erholten.

18. AVENTÜRE
SIEGMUNDS HEIMKEHR

Siegmund kehrt mit seinen Rittern in seine Residenz Xanten zurück. Obwohl er Kriemhild die Landesherrschaft anbietet und sie an ihre Pflichten hinsichtlich ihres Sohnes Gunther erinnert, zieht sie es vor, in Worms zu bleiben, weil ihre Brüder Giselher und Gernot sowie andere nahe Verwandte sie dazu überreden.

19. AVENTÜRE
DER HORT UND DIE TRAUERJAHRE IN BURGUND

Zurückgezogen lebt Kriemhild mit ihrem Gesinde nahe dem Dom in tiefer Trauer in einem geräumigen Haus. Niemand außer Giselher und ihre Mutter Ute vermögen es, ihr Trost zuzusprechen. Dreieinhalb Jahre wechselt sie kein Wort mit Gunther und meidet Hagen.

Nach dieser Zeit schlägt Hagen Gunther vor, das Nibelungengold holen zu lassen, womit er seine Schwester wieder versöhnen könne. Hagen selbst hat allerdings eine erneute Machtsteigerung Burgunds im Sinn. Von Gernot und Giselher lässt sich Kriemhild, die sich in ihrer Trauer schwere Vorwürfe macht, weil sie Hagen die verwundbare Stelle Siegfrieds verraten hat, zu einer Versöhnung mit Gunther überreden. Wenig später gestattet sie Giselher und Gernot, den Hort aus dem Nibelungenland, ihre Morgengabe, zu holen. Mit diesem unermesslichen Schatz hätte man die ganze Menschheit beschenken können, ohne dass er wesentlich geringer geworden wäre. Auch enthält er eine goldene Rute, mit der man die Weltherrschaft erringen kann. Unter gewaltigem Aufwand wird der Schatz an den Rhein gebracht und in Zimmern und Türmen verstaut.

Kriemhild beginnt, die vielen fremden Krieger, die der Hort anlockt, zu beschenken, sodass Hagen um Burgunds Sicherheit fürchtet und dem widerstrebenden König rät, Kriemhild die Verfügung über den Schatz zu entziehen; er, Hagen, wolle alle Verantwortung dabei übernehmen. Er bemächtigt sich aller Schlüssel, und als der König mit den bedeutendsten seiner Verwandten das Land verlassen hat und nur er selbst zurückgeblieben ist, versenkt er das Nibelungengold im Rhein. Die zurückgekehrten Fürsten bedauern den großen Verlust sehr. Obwohl sie vor ihrer Abreise geschworen hatten, das Versteck des Hortes niemandem zu verraten, mit dessen Versenkung also einverstanden waren, geben sie der klagenden Kriemhild recht, dass Hagen böse gehandelt habe; sie bestrafen ihn jedoch nicht. Hagen entfernt sich vom Hof und entzieht sich dadurch dem Zorn der Könige so lange, bis er ihre Huld zurückgewinnt. Die Versenkung des Hortes, der so eng mit Siegfried verbunden ist, hat Kriemhild alle Rachemittel genommen und sie in neues Leid gestürzt:

Neues Leid belastete Kriemhild: außer dem Tod ihres Mannes nun auch der Raub ihres ganzen Besitzes. Da nahm ihre Totenklage bis zu ihrem eigenen Tod kein Ende mehr. Ich versichere euch: Nach Siegfrieds Tod lebte sie in großem Schmerz dreizehn Jahre, ohne den Tod des Helden vergessen zu können. Jeder sagt, dass sie ihm treu blieb.

Ein Erzähler des Epos (Fassung C), dem wir bisher nicht gefolgt sind, weil er nach unserer Ansicht die Rollen zwischen Gut und Böse, zwischen Kriemhild und Hagen, zu einseitig zugunsten der Königin ausleuchtet, vertieft deren Erinnerungspflege:

Frau Ute hatte nach dem Tod ihres Mannes Dankrat aus ihrem Besitz eine reich dotierte Fürstenabtei mit umfangreichen, gewinnbringenden Zinsgütern gestiftet. Noch heute sind sie im Besitz des hochangesehenen Klosters Lorsch. Dazu stiftete Kriemhild großzügig einen erheblichen Teil ihres Goldes und ihrer Edelsteine für Siegfrieds Seele und das Heil aller Seelen. Wir kennen keine treuere Ehefrau. Seit Frau Kriemhild auf die Rache an Gunther verzichtet hatte, obwohl dieser am Verlust des großen Hortes schuld war, vergrößerte sich das Herzeleid der vornehmen, edlen Dame so sehr, dass sie die Stadt gern verlassen hätte. Frau Ute besaß einen reichen Herrensitz bei ihrem Kloster Lorsch. Dorthin zog sich die Witwe von ihren Kindern zurück, und dort liegt die edle Dame noch heute in einem Schrein begraben.

Königin Ute sagte: «Liebste Tochter, höre auf zu weinen. Wenn du nicht mehr in der Stadt bleiben möchtest, dann kannst du bei mir in meinem Haus in Lorsch wohnen.» Kriemhild fragte: «Wem überließe ich dann meinen Mann?» «Den lass doch hier», antwortete Frau Ute. «Das verhüte Gott im Himmel», erwiderte die Edle, «liebste Mutter, dies werde ich nicht tun, denn er muss mit mir von hier weggebracht werden.» Die Leidgeprüfte sorgte dafür, dass Siegfrieds Grab geöffnet wurde. In einer feierlichen Zeremonie wurden seine edlen Gebeine in Lorsch, nahe dem Münster, begraben, wo der mutige Held in einem langen Schrein liegt.

Als Kriemhild mit ihrer Mutter ihre Umzugspläne verwirklichen wollte, musste sie doch zurückbleiben. So hatte es das Schicksal vorgesehen, denn Nachrichten, die von weither an den Rhein kamen, verhinderten dies.

20. BIS 39. AVENTÜRE
KRIEMHILDS RACHE

Markgraf Rüdiger von Bechelâren, heute Pöchlarn, wirbt im Auftrag des Hunnenkönigs Etzel um die schöne Witwe Kriemhild. Nachdem er ihr einen geheimen Hilfeleistungseid geschworen hat, gelingt es ihm, Kriemhild umzustimmen, die vor allem aus religiösen Gründen zögert. Obwohl Hagen widerrät, begrüßen die Königsbrüder die neue Ehe. Kriemhild reist über Passau, wo sie ihr Onkel Pilgrim empfängt, Etzel entgegen, der sie stolz mit seinem Vielvölkerheer, angeführt von 24 Fürsten, auf dem Tullner Feld vor Wien empfängt, um dann in der Stadt ein großartiges siebzehntägiges Hochzeits- und Krönungsfest auszurichten.

In Etzelnburg, der Residenz des Hunnenkönigs, verfolgt Kriemhild mit großem Geschick und großer Langmut ihre Rachepläne. Nach sieben Jahren kommt ihr Sohn Ortlieb zur Welt, und nach weiteren sechs Jahren gewährt ihr Etzel freudig die Einladung ihrer Brüder; sie ist sich jetzt sicher, dass sie am Hunnenhof nur noch Freunde besitzt. Das Fest wird zur Sonnenwende anberaumt.

Auf den Rat Hagens hin reiten die Burgunder in Waffen und mit einem großen Heer nach Etzelnburg. Sie heißen jetzt auch immer öfters Nibelungen, und Hagen ist ihr unangefochtener Führer. Beim Übergang über die Donau kündigen ihnen böse Vorzeichen an, dass sie nicht mehr zurückkehren werden, aber ihre Ehre und ihr Heldenethos verbieten ihnen einen Rückzug. Wohlwollend empfängt sie Bischof Pilgrim in Passau; der Grenzwächter Eckewart warnt allerdings vor Kriemhilds Hass. In Bechelâren, auf Rüdigers Burg, versippen sich beide Häuser – Giselher wird der Tochter des Markgrafen versprochen – und binden sich durch Gastgeschenke aneinander. Rüdiger geleitet das Heer nach Etzelnburg. Dort missachtet die Königin die Bitte ihres Gemahls, die Gäste freundlich zu empfangen, und begrüßt, anders als der König selbst, nur ihren Bruder Giselher.

Da sie als Frau nicht das Schwert tragen darf, ist Kriemhild bei der Ausführung der Rache auf die Männer angewiesen. Ihr selbst bleibt nur das Wort, die sogenannte Hetze. Diese setzt sie nun wieder und wieder erfolgreich bei den Hunnen ein, die jedoch stets am Zusammenhalt und an der Kampfkraft der Nibelungen scheitern, und auch Etzel, dem die Gastfreundschaft heilig ist, stellt sich erst auf ihre Seite, nachdem Hagen ihren Sohn Ortlieb umgebracht hat. In den immer erneut aufflackernden Kämpfen fallen Tausende Hunnen und Nibelungen.

Die letzten Kämpfe gelten den Großen. Unter schweren Seelenqualen, an die Burgunder durch Verwandtschaft und Gabe, an die Hunnen durch Eide gebunden, greift Rüdiger in die Kämpfe ein und fällt mit seinen Kriegern; dabei tötet er Gernot als den ersten Königsbruder. Rüdigers Tod und der Tod seiner eigenen Amelungenkrieger, darunter namentlich Wolfharts, der zusammen mit Giselher fällt, veranlasst Dietrich, in die Kämpfe einzugreifen. Er kann die beiden letzten überlebenden Nibelungen, Gunther und Hagen, überwältigen und führt sie gefesselt zu Kriemhild, die es dann allerdings ablehnt, sie ihm als Geiseln zu überlassen, und sie getrennt einkerkern lässt. Sie fordert von Hagen den Hort zurück – wohl aber nicht nur diesen, der so eng mit Siegfrieds Person selbst verknüpft ist:

Die Königin ging zu Hagen und sprach hasserfüllt zu dem Helden: «Könnt Ihr mir das zurückgeben, was Ihr mir geraubt habt, dann könntet Ihr wohl noch lebend nach Hause zu den Burgundern kommen.» Der grimmige Hagen antwortete: «Edle Königin, diese Worte sind ganz unnütz, ich habe doch geschworen, den Hort nicht zu zeigen, solange einer meiner Herren am Leben ist. So lange werde ich ihn auch niemandem geben.»

«Ich bringe die Sache zu Ende», sprach die edle Frau. Sie befahl, ihren Bruder zu töten. Man schlug ihm den Kopf ab; an den Haaren trug sie diesen vor den Helden von Tronege. Da ergriff ihn großes Leid. Als der betrübte Mann das Haupt seines Herrn erblickte, sagte er zu Kriemhild: «Du hast es nach deinem Willen zu Ende geführt, und es ist genau so gekommen, wie ich es mir gedacht habe. Nun sind der edle König von Burgund, der junge Giselher und auch Herr Gernot tot. Jetzt weiß niemand mehr, wo der Schatz liegt, außer Gott und mir. Dir, Teufelin, wird er für immer verborgen bleiben.» Sie erwiderte: «Dann habt Ihr meine Schuldforderung schlecht bezahlt. Wenigstens will ich Siegfrieds Schwert rein erhalten. Das trug mein Liebster, als ich ihn zuletzt sah. Sein Tod stürzte mich in tiefes Herzeleid. Die Schuld daran tragt Ihr.»

Sie zog das Schwert mit der Absicht, Hagen zu töten, aus der Scheide. Er konnte es nicht verhindern. Sie hob es mit ihren Händen hoch und schlug ihm den Kopf ab. Als König Etzel dies sah, da war er sehr traurig. «Wehe», rief der Fürst, «warum wurde jetzt, ausgerechnet durch eine Frau, der größte Held erschlagen, der jemals in der Schlacht gekämpft oder einen Schild getragen hat! Obwohl ich sein Feind war, schmerzt mich dies doch tief.» Da erwiderte der alte Hildebrand: «Nein, sie wird keine Freude daran haben, dass sie sich herausnahm, ihn zu erschlagen! Obwohl er mich selbst in Todesgefahr brachte, werde ich den Tod des kühnen Tronegers rächen, was auch danach mit mir geschieht.» Zornig sprang Hildebrand auf Kriemhild zu und versetzte der Königin einen schweren Schlag mit dem Schwert. Ach, Hildebrands Schläge taten ihr sehr weh. Was half es ihr, dass sie schrecklich schrie?

Alle Todgeweihten waren nun gefallen. Die edle Frau war in Stücke gehauen. Dietrich und Etzel weinten und klagten heftig über ihre Verwandten und Lehnsmänner. Die einzigartige Macht und Größe war erloschen, die Menschen trauerten alle und waren verzweifelt. Leidvoll war des Königs Fest zu Ende gegangen, so wie zuallerletzt die Freude Leid bringt.

Ich kann euch nicht berichten, was später dort geschah:
nur dies: Ritter und Damen und die edlen Knappen
beweinten den Tod derer, denen sie verbunden waren.
Hier ist die Erzählung zu Ende:
Sie heißt «Der Kampf der Nibelungen».

NACHWORT

von
Otfrid Ehrismann

Das Nibelungenlied – Erinnerung an die große Zeit der alten Helden: Wir befinden uns an der Wende vom 12. zum 13. Jahrhundert: In der Mitte Europas, im Römischen Reich, das sich von Dithmarschen im Norden bis nach Sizilien im Süden, von der Maas im Westen bis zur Oder im Osten erstreckt, kämpfen nach dem Tod Kaiser Heinrichs VI. die Anhänger Philipps von Schwaben, des Staufers, mit denen Ottos von Braunschweig, des Welfen, um die Vorherrschaft. Die dritte Größe, das Papsttum unter dem geschickten Diplomaten Innozenz III., schlägt sich einmal auf diese, einmal auf jene Seite. Für die politische Geschichte sind es wechselvolle, für die Kulturgeschichte aufregende, innovative Jahre: In der Liedkunst blühen Minnesang und Sangspruch mit dem großen Walther von der Vogelweide an der Spitze, in der Erzählkunst der Ritterroman um den König Artus. Hier legen Hartmann von Aue und Wolfram von Eschenbach, wenig später Gottfried von Straßburg, die Fundamente für die Romankunst des Spätmittelalters. Freilich, diese Geschichte betrifft nur einen kleinen Ausschnitt der facettenreichen Kulturen in den deutschen Ländern, die vom Adel getragene ritterlich-höfische Kultur. Tiefer verankert ist der breite Strom religiöser volkssprachiger Texte; und denen, die sich für die Spuren Gottes in der Geschichte interessieren, steht, zumal wenn sie des Lateinischen mächtig sind, eine umfangreiche Geschichtsschreibung zur Verfügung.

In jenen Jahren setzte auf dem kreativen Feld der höfischen Kultur ein unbekannter Autor, vielleicht auch eine kleine Autorengruppe – wir werden der Einfachheit halber im Folgenden aber nur von *einem* Autor sprechen – einen Kontrapunkt. Er richtete sich nicht nach der modischen, aus dem französischen Westen herübergekommenen keltischen Artusdichtung, sondern sammelte Texte über die Zeit der alten heimischen, der germanischen Helden, der Vorzeithelden – von *Fornaldar sögur* spricht man im skandinavischen Norden –, um sie zu *einem* großen Vortragstext zu komponieren. Leider können wir heute nicht mehr rekonstruieren, was er denn und in welcher Form er es vorfand, auch nicht, welche Auswahl er traf. Begegnete er hauptsächlich mündlichen oder auch schon volkssprachig verschrifteten Erzählungen? In welchem Dialekt? Die größte Gruppe der bisher bekannten (zehn vollständigen, 27 fragmentarischen) Nibelungenlied-Handschriften spricht einleitend nur von *alten mæren – uns ist in alten mæren wunders vil geseit.* Manche Textzeugen kennen diese Einleitung allerdings gar nicht. Wir haben sie deshalb in unserer Übersetzung vom übrigen Text abgesetzt.

Der Autor band die Geschichten, die von Kriemhild und Siegfrieds Tod auf der einen, von Kriemhilds Rache und dem Untergang des Burgundervolkes auf der anderen Seite erzählten, zu einem großen ‹historischen› Bericht zusammen. In poetischer Freiheit setzte er dabei die Burgunder mit dem an die Geschichte Siegfrieds gebundenen Nibelungenvolk gleich. Zur Gelenkstelle erhob er Kriemhild, die dadurch jedoch nicht zur alleinigen, alle Erzählfäden in sich vereinigenden Protagonistin wurde, um die sich das Geschehen romanhaft gruppiert hätte. Möglicherweise kombinierte er auch das helle rheinische Bild der liebenden jungen Dame Kriemhild mit dem düsteren der Rächerin aus bayerisch-österreichischen Quellen. Vielleicht wusste er darüber hinaus von Erzählungen in niederdeutscher Sprache.

Bewegen wir uns auch hier nur auf moorigem Boden, so ist doch die Wahrscheinlichkeit groß, dass es eine reiche mündliche Erzählkultur aus der heroischen Zeit der Germanen, der Zeit ihrer Wanderungen und Reichsgründungen zwischen dem 4. und 7. Jahrhundert, der sogenannten «Völkerwanderung», gab. Vereinzelte Spuren führen im Nibelungenlied in jene dunkle Epoche zurück:

- *Dietrich* (von Bern/Verona), der Gunther und Hagen fesselt und sie Kriemhild übergibt, geht auf den bedeutenden Ostgotenkönig Theoderich den Großen aus dem Geschlecht der Amaler/Amelungen (um 453–526) zurück, um den sich eine reiche volkssprachige Sagenüberlieferung rankte, die dem Autor des Nibelungenliedes wenigstens zum Teil bekannt gewesen sein dürfte.
- Die Hunnenherrscher verlagerten 423/425 ihr Herrschaftszentrum in die Gegend des späteren Ungarn. Unter Bleda (434–445), dem *Blœdel(în)* des Nibelungenliedes, reichte ihr Reich von Mittelasien und dem Kaukasus bis an die Donau und den Rhein, unter seinem Bruder und zeitweiligen Mitregenten Attila/*Etzel* (gestorben 453) unternahmen sie Kriegszüge bis nach Gallien.
- Die historischen Burgunder/*Burgonden* zogen im frühen 5. Jahrhundert an den Mittelrhein; ein Reich um Worms, einem der wichtigsten Schauplätze des Nibelungenliedes, ist allerdings archäologisch nicht zu sichern. Im Jahr 435/436 führte Gundohar/Gundahar, wahrscheinlich der Namengeber für den *Gunther* des Nibelungenliedes, sein Volk westwärts in die Provinz Belgica, wurde aber von den Truppen des römischen Feldherrn Flavius Aëtius zurückgeschlagen. Im Jahr darauf besiegte

eine hunnische Armee die Burgunder, deren Heer nach zeitgenössischen Quellen zwanzigtausend Krieger umfasst haben soll, unter Gundohars Führung. Diese gewaltige Zahl ist sicherlich übertrieben, denn schon wenige Jahre später, als die Burgunder als Bundesgenossen Roms in einem Gebiet beiderseits des Genfer Sees angesiedelt worden waren, hatte ihr Volk wieder eine beachtliche Größe erreicht. Deshalb bleibt es fraglich, ob es gerade diese Niederlage war, auf die die Erzählungen vom Burgunderuntergang zurückgehen.

– In ihrem neuen Siedlungsgebiet bauten die Burgunder ein ansehnliches Reich auf. Ihr König Gundobad (480–516) ließ eine Gesetzessammlung niederschreiben, die Gibica und Gislahar zu ihren Ahnen zählt, Namen, die wir als *Gibeche* – in einigen Nibelungengeschichten ist er und nicht Dankrat der Vater der Könige – und *Giselher* in der Nibelungensage wiederfinden.
– In den dreißiger Jahren des 6. Jahrhunderts eroberten die Franken das Reich der Burgunder. Diese merowingische Expansion schuf die Bedingungen für eine Vereinigung fränkischer und burgundischer Erinnerungskulturen. Im fränkisch-merowingischen Königshaus waren Herrschernamen mit *Sigi-* im ersten Namenglied heimisch. Sigibert I. (561–575) kennen wir als den Gemahl der anmutigen westgotischen Prinzessin Brunichild. Allerdings finden sich auch im Burgund jener Zeit Namen wie Sigismund und Sigerich.
– Brunichild, die sich nach der Eskalierung von Familienstreitigkeiten zu einer äußerst grausamen Königin gewandelt hatte und die der Chronik Fredegars zufolge intrigant und machtgierig war, residierte nach der Ermordung ihres Gatten 575 offenbar für kurze Zeit in Worms. Sie hatte sich mit ihrer Schwägerin Fredegunde (gestorben 597), der Gemahlin König Chilperichs I.

(ermordet 584), und deren Sohn Chlothar II. (584–629/30) sowie mit der gesamten austrasischen Aristokratie überworfen. Vom Heer ihres elfjährigen Urenkels Sigibert II. konnte sie nicht gerettet werden, und sie geriet 613 in Gefangenschaft. Zusammen mit Sigibert starb sie einen grausamen Tod. Die zeitgenössische Chronistik machte Fredegunde dafür verantwortlich.

Die Sage hat nach ihrer Art die verschiedenen Zeiten, Völker und Menschen zu einem neuen virtuellen Spiel aufgestellt. Wir würden im Nibelungenlied weitere historische Reflexe finden können, vor allem die Gestalt Bischof Pilgrims von Passau, deren Eingang in den Text sich offenbar der Pilgrim-Memoria seines späteren Nachfolgers, Wolfger von Erla, verdankt. Arbeitete der Autor im Umkreis dieses kunstsinnigen Mäzens, der ja auch Walther von der Vogelweide unter seine Fittiche genommen hatte? Übersehen wir bei einer solchen Mutmaßung aber nicht, dass auch das Nibelungenlied einige gute Kenntnisse von Worms und seiner Umgebung besitzt – bis hin zu der Beobachtung, dass es vom Rheinufer aus eines längeren Ritts bedurfte, um zur Königsburg in der Stadt zu gelangen. Kann aber ein solches Wissen mit dem über Passau konkurrieren, *dâ noch ein klôster stât, unt dâ daz In mit fluzze in die Tuonouwe gât* (1295: «wo heute noch ein Kloster steht, und wo der Inn mit starker Strömung in die Donau mündet»)?

Das Nibelungenlied in seiner Zeit – das Ziel: Sicherlich verfolgte der Autor, als er die heroische Zeit der Ahnen in Erinnerung rief, für seine Zeit verschiedene Ziele, wobei wir der gehobenen festlichen Unterhaltung, für die der Vortragstext bestimmt war, einen Spitzenplatz einräumen. Ihr vor allem dienten die Schilderungen fürstlicher Repräsentation, die prunkvollen Feste, Gewänder und Rüstungen. Die Dichtung jener Zeit arbeitete sich als Teil der ritterlich-höfischen

Kultur am Begriff der *tugent* ab. Dieser referierte auf die guten Eigenschaften des Menschen, namentlich auf die feine Sitte und die männliche Tüchtigkeit, Bezugsfelder, die auch der Erzähler des Nibelungenliedes wieder und wieder in Erinnerung ruft. Die Arbeit an der *tugent* verfolgte drei (freilich männlich verfasste) Ziele:

- die Aufrechterhaltung der militärischen Gewaltbereitschaft, die im System des Feudalismus, das sich wesentlich durch stete territoriale Expansion definierte, zwingend geboten war, durch Kanalisierung und Wachhaltung der Kräfte im ritterlichen Kampfspiel;
- die Verehrung der höfischen Dame als Mittel emotionaler Triebregulierung;
- die Kultivierung weiblichen Verhaltens im Sinne der feinen Sitte.

Die große gesellschaftliche Relevanz der *tugent* übernahm der Autor des Nibelungenliedes etwa durch die zahlreichen Ritterspiele als militärisches Training, das sich dann beispielsweise im Krieg gegen die Sachsen und Dänen bewährt; durch die Warteschleife, die er Siegfried ziehen ließ, bevor dieser Kriemhild kennenlernen darf; und durch die stete Betonung der feinen Sitte, von der die Damen ihr Handeln bestimmen lassen.

Der Dichter des Nibelungenliedes konstruierte, anders als die Autoren arthurischer Texte, keine vorbildlichen Helden, an denen eine adelige Leserschaft ihr zukünftiges Handeln ausrichten könnte. Die Geschichte der Ahnen zielte nicht auf Nachahmung, sondern auf die Identitätssuche einer adeligen Zuhörerschaft durch einen dichten und poetisch verklärten Rückblick auf ihre große und leidvolle Geschichte; dadurch auch auf eine Läuterung der Affekte durch Jammer *(eleos)* und Schauder *(phrike)*, durch einfühlendes Mit-Leiden *(empatheia)*, Erinnern und Gedenken *(memoria)*. Dies sind alte, in die Antike zurückführende

Leitlinien des Erzählens. Es geht hier nicht um den Entwurf einer moralisch verkommenen Gesellschaft – wie sollte sich auch eine Zuhörerschaft, die sich in der Erinnerung an die Ahnen vereinte, daran aufrichten? –, sondern um einen poetisch durchformulierten Entwurf irdischen Daseins, wie es ist – konstruiert als tragische Fabel *(mythos)*. Eine solche – wir können aus der Poetik des Aristoteles zitieren – muss «vom Glück ins Unglück umschlagen, nicht wegen der Gemeinheit, sondern wegen eines großen Fehlers [...] eines Mannes». Dieser Fehler ist das leichtfertige Spiel mit dem Recht, das Siegfried für seine Liebe zu Kriemhild beginnt, als er sich, wenn auch nur zum Schein, vor der Ankunft in Island zum Unfreien, zum Vasallen Gunthers, herabsetzen lässt. Daraus folgen die zahlreichen anderen Rechtsverletzungen bis hin zur Vernichtung von Kriemhilds Morgengabe, dem Hort, die schließlich zu Kriemhilds Rache führen. Der Autor zeichnete aufregende, zwielichtige Charaktere – wir verwenden diesen Begriff im Sinne des Dramas –, die subjektiv das Beste wollen – Siegfried für sich, Gunther und Hagen für das Reich –, jedoch, weil sie mit List und Betrug arbeiten, scheitern.

Der Dichter des Nibelungenliedes, der die heimische Sagenwelt in die ritterlich-höfische Kultur verpflanzte, schaffte sich eine eigene Semantik, die sich für uns nur aus dem jeweiligen Textzusammenhang erschließt. Als Siegfried, auf der Suche nach einer Frau, an hohe Minne denkt, ist dieser Ausdruck nicht synonym mit dem gleichlautenden der zeitgenössischen Liedkunst, denn er ist auf die Ehe bezogen, die der Minnesänger in seinen Texten bekanntlich ausklammert. Wer also nicht bereit ist, seinen durch das Minnelied vorgeprägten Begriff der hohen Minne zu korrigieren und dem Nibelungentext anzupassen, damit auch eine mögliche Denkbewegung des Autors in Bezug auf einen neuen Begriff der Liebe nachzuvollziehen, wird wohl kaum die sensibel konstruierte Wort-Welt des Nibelungenliedes angemessen wahrnehmen können.

Nicht nur in der Wort-, auch in der Sagen-Welt setzte der Autor eigene Akzente und nutzte dabei intensiv die Technik der Evokation. Er weckte Erinnerungen an Begebenheiten aus der Sage, passte sie dann aber dem neuen Textzusammenhang an. So wissen wir etwa aus skandinavischen Nibelungentexten, die sicherlich auf ein gemeinsames germanisches Erbe zurückgehen und deshalb auch im Erzählraum des Römischen Reiches bekannt gewesen sein konnten, von einer Verbindung Siegfrieds mit Brünhild, einem Versprechen, sie dereinst zur Frau zu nehmen. Kannte der Siegfried des Nibelungenliedes deshalb den Weg zur isländischen Königin und deren Verhaltensweisen so genau? Jede Erzählung weist Leerstände auf, die der Leser/die Leserin aus eigenem Kontextwissen auffüllen muss. Eine Erzählung, sagt Umberto Eco in seinem Buch «Lector in fabula», das die «Mitarbeit der Interpretation in erzählenden Texten» reflektiert (München ³1998, S. 62), ist immer «in das *Nicht-Gesagte* verwoben». Das Nicht-Gesagte, das sich der Sagenkenner in Bezug auf das Nibelungenlied ins Gedächtnis rufen kann, wird nun zwar durch den ähnlichen Sachverhalt der Sage evoziert, zugleich aber werden für dessen Arrangierung in den neuen Text Lösungsmöglichkeiten angeboten, die ihn, wie immer man ihn lesen mag, auf jeden Fall verändern. So kann die Lösung der oben aufgeworfenen Frage leicht in dem Satz gefunden werden: «Kampflustig suchte er viele Reiche auf; und um seine Kühnheit zu beweisen, ritt er in viele Länder.» Um den ursprünglichen Sachverhalt überhaupt evozieren und dann abändern zu können, musste ein solcher Hinweis natürlich sehr allgemein ausfallen; denn die Geschichte der Vorverlobung gehörte nicht in das Konzept des Autors. Ähnlich wird durch die Tatsache, dass Brünhild Siegfried in Island als Ersten begrüßt, die alte Bekanntschaft aus der Sage zwar evoziert, es bleibt aber, zumal sich Gunther und Siegfried in ihren weißen Rüstungen zum Verwechseln ähnlich sehen, die Möglichkeit offen, dass die Königin den Marschalldienst, der Siegfried als Unfreien ausweisen könnte – allerdings nicht müsste –, gar nicht gesehen hat. Wir wissen auch aus anderen Situationen des Epos, dass Königinnen sich nicht neugierig mit ihrem Gesinde am Fenster drängeln, sondern sich die Vorkommnisse am Hof erzählen lassen. Durch die Technik der Evokation holte also der Autor sein Publikum ab und führte es in eine neue, in *seine* Welt.

Das Nibelungenlied – Vortrag und Gattung: Wir unterscheiden methodisch den Autor/die Autorengemeinschaft von dem Erzähler, der Erzählinstanz, die in der erzählten Geschichte agiert. Mit der *evocatio* schafft diese Instanz eine besondere Nähe zum Publikum. Diese Nähe vermittelt auch die fingierte Mündlichkeit. Das Nibelungenlied ist als eine Hör-, nicht als eine Lese-Geschichte konzipiert. Die Basis des mündlichen Vortrags ist das rhythmisch-formelhafte Sprechen mit seinen immer wiederkehrenden schmückenden, oft gleichlautenden Epiteta *(der starke Sîvrit, Sîvrit der degen)* und Redeankündungen *(dô sprach der starke Sîvrit)*. Im Lesetext wirken sie monoton, im Hörtext sind sie weniger auffällig, weil sie, gewiss auch mit mnemotechnischer Funktion, melodisch untermalt werden. In unserer Übersetzung, die als Lesetext die Melodik ohnehin nicht nachbilden kann, haben wir solche Wiederholungen allerdings vielfach mit synonymen Wendungen variiert (*do sprach:* da sagte, da antwortete, da entgegnete, da erwiderte, da meinte u.a.); wir hoffen aber trotzdem, noch ein wenig von der eigenartigen Erzählatmosphäre des Heldenepos bewahrt zu haben. Darüber hinaus haben wir die Übersetzung von Wörtern wie *recke*, *degen*, *helt* oder *man*, die in den jeweiligen Textzusammenhängen vielfach synonym gebraucht werden, kontextspezifisch variiert. Man kann solchen mittelhochdeutschen Wörtern nicht apriori nur *eine* Bedeutung zuschreiben. Dies trifft ebenso für die häufig vom Erzähler eingesetzten Modalverben wie *soln*, *müezen* oder *mügen* zu, die in mittelhochdeutscher Zeit neben ihren verschiedenen Kernbedeutungen auch, wie unser heutiges *werden*, für die Konstruktion des Futurs benutzt wurden.

Die Sprechinstanz mittelalterlicher Erzählungen ist üblicherweise, und so auch im Nibelungenlied, ein nicht als Textfigur auftretender, in der Regel allwissender Vermittler der Geschichte. Auf der Ebene der Erzählung wird die Geschichte der Ahnen nach einer eigenen Vorstellung von Stimmigkeit aufgearbeitet. Diese folgt der Logik der Vortragssituation, nicht der von Lesetexten, und sie ergibt sich aus der Position des allwissenden Erzählers als einer objektiven Berichts-Instanz, die dem Verlauf des Geschehens resignativ gegenübersteht. Warum schenkt Siegfried Ring und Gürtel Brünhilds Kriemhild? Der Erzähler meint nur: *ine weiz, ob er daz tæte durch sînen hôhen muot.* («Ich weiß nicht, ob er das tat, weil er so frohen Sinnes war.»)

Steuert auf der einen Seite die Gattung den Stil und den Inhalt eines Textes, so steht es auf der anderen einem Autor frei, Grenzen zu erweitern und zu überschreiten. Der Autor des Nibelungenliedes hat diese Freiheit genutzt und einen objektiven, nur selten kommentierend eingreifenden Erzähler eingeführt, der sich, etwa bei Fest- und Kampfschilderungen, in ausschweifenden Detailbeschreibungen verlieren kann, wie sie für ein Epos typisch sind. Er lässt ihn aber zugleich, etwa bei Siegfrieds erstem Auftritt am Burgunderhof oder beim Zerwürfnis der Königinnen, mit dramatischen Effekten arbeiten, und er fokussiert das Geschehen auf *eine* Gestalt, ohne freilich die stringente Form des Romans, zu der auch das grübelnde Nachdenken über das eigene Tun gehören würde, zu erreichen. Dennoch entstehen vor unseren Augen Figuren, die wir, gerade weil sie wesentlich durch ihre Taten zu uns sprechen, aktiv mitgestalten, indem wir die Leerstände, die wir während des Lesens oder Hörens mehr oder weniger bewusst empfinden, mithilfe unseres historischen Kontextwissens und unserer eigenen Phantasie auffüllen. So ist es logisch für uns und psychologisch nachvollziehbar, dass die große Liebe die große Rache begründet, aber weder die Liebende/Rächende selbst noch die Erzählinstanz grübeln über diesen doch gar nicht so selbstverständlichen Zusammenhang nach.

Die Auffüllung der Leerstände bleibt unverbindlich, wenn wir sie ohne historisches Kontextwissen vollziehen. Dazu gehört an erster Stelle das Wissen um die absolute Ausnahmestellung der Ehre in der gewaltbereiten Feudalgesellschaft des europäischen Mittelalters. Ehre und Leben, *êre unde lîp*, sind für die Aristokratie gleichsam Synonyme; die Ehre sollte ausnahmslos alles menschliche Handeln bestimmen. Unsere Übersetzung hat deshalb diesen Begriff im Wort *Ehre* gewöhnlich beibehalten und nicht, wie es gerne geschieht, durch ein Wort wie *Ansehen* entschärft. Die verletzte Ehre ist der Impuls für Brünhilds Rache, die Hagen durch den Mord an Siegfried vollzieht, und sie ist der Impuls für Kriemhilds Rache, die ja nicht nur *ihrer* Ehre, sondern vor allem der Wiederherstellung der Ehre Siegfrieds gilt, die durch die Tötung des Mörders mit dem Schwert des Ermordeten erreicht wird. Kriemhild vollzieht diese Rache, die sie nach den Gewohnheiten des Mittelalters als Frau nicht selbst ausführen darf, nicht spontan, sondern wohlüberlegt, den geeigneten Zeitpunkt abwartend und vorbereitend. Dies gehört zum Stil germanischer Erzählkunst und war, soweit wir dies rekonstruieren können, auch fest im mittelalterlichen Leben verankert. In diesem Kontext war die Frage christlicher Vergebung unüblich.

Siegfrieds Tod: Soltinn varð Sigurðr | sunnan Rinar – «Seinen Todeskampf kämpfte Sigurd südlich vom Rhein». Diesem Zeugnis über die Nibelungensage aus dem «Fragment eines Sigurdliedes» *(Brot af Sigurðarkviðu)* des 11./12. Jahrhunderts ließen sich noch zahlreiche andere aus dem skandinavischen Norden hinzufügen, namentlich die «Saga von Dietrich von Bern» *(Þiðreks saga)* und die «Saga von den Völsungen» *(Völsunga saga)*, beide aus der Mitte des 13. Jahrhunderts. Es zeugt von der Beliebtheit der tragischen Fabel von der Ermordung Siegfrieds (nordisch *Sigurðr/Sigurd*) bei den germanischen Völkern, eine Beliebtheit, die mit wenigen Unterbrechungen bis in die Gegenwart reicht und den verschiedensten kulturgeschichtlichen und narrativen Nutzungen standgehalten hat. Dabei trat gerade bei den Deutschen die Version des Nibelungenliedes zugunsten nordischer Texte vielfach in den Hintergrund, außerordentlich begünstigt durch Richard Wagners Tetralogie «Der Ring des Nibelungen». Wenig Aufmerksamkeit widmete man außerhalb der Philologie jedoch der erzählerischen und auf den Vortrag bezogenen Konstruktion des Textes, die in ihrer kontrastiven Inszenierung von *fröuden, hôchgezîten* auf der einen, *weinen, klagen* auf der anderen Seite jene Stimmung des Jammers *(eleos)* und des Schauders *(phrike)* erst erzeugt, aus der heraus dann der hohe Begriff der Ehre auch kritisch reflektierbar wird. Vielleicht kann unsere Übersetzung ein wenig zu dieser Reflexion, die bis in die Gegenwart nicht zur Ruhe gekommen ist, beitragen.

Die Übersetzung: Das mittelhochdeutsche Nibelungenlied ist in verschiedenen handschriftlich aufgezeichneten Versionen überliefert; der Grundtext, die ursprüngliche Geschichte, ist über eine kritisch-philologische Rekonstruktion der drei Haupthandschriften A (München), B (St. Gallen) und C (Karlsruhe) aus der zweiten Hälfte des 13. Jahrhunderts nur noch annähernd erreichbar. Unsere Übersetzung folgt B, und sie ist dabei vor allem den Übersetzungen von Helmut Brackert («Das Nibelungenlied. Mittelhochdeutscher Text und Übertragung», Frankfurt a.M., seit 1970) und Siegfried Grosse («Das Nibelungenlied. Mittelhochdeutsch / Neuhochdeutsch», Stuttgart, seit 1997) verpflichtet. Aus beiden haben wir dankbar zahlreiche Wendungen übernommen, ohne dies im Einzelnen kenntlich machen zu können, denn wir waren nicht bestrebt, um jeden Preis, nur weil einer der Vorgänger schon dieselbe Wahl getroffen hatte, neue Formulierungen zu suchen. Beiden gegenüber hatten wir allerdings einen kleinen Vorteil, weil wir ein wenig freier mit der Wortfolge des Textes umgehen konnten. Brackerts Text gegenüber steht derjenige Grosses, jenem, wie wir, deutlich verpflichtet, näher an den mittelhochdeutschen Formulierungen, er wirkt dadurch manchmal freilich etwas weniger elegant. Wir selbst haben für den vorliegenden Band einen Mittelweg gesucht und waren um ein gefälliges Deutsch bemüht. Dabei möchte unsere Übersetzung nicht mehr sein als eine Hinführung auf die mittelhochdeutsche Erzählung in ihrem ganzen Umfang.